与古为徒

容庚的学术与时代

深圳博物馆 编

文物出版社

"与古为徒——容庚的学术与时代"展览

主办单位：深圳博物馆　广东省立中山图书馆　广东省博物馆　广州博物馆　莞城美术馆

支持单位：中国国家博物馆　上海博物馆

展览时间：2021.7.16～2021.10.24

展览地点：深圳博物馆（古代艺术馆）第 1、2、4 专题展厅

目 录

前　言

晚清民国时期的中国学术，一面承袭了清代乾嘉学术的余荫，一面因西潮涌入形成百家争鸣、百舸争流的壮观景象，成为中国史上又一个学术旺盛期。在这段历史激流中，中国的传统文化和知识观念都面临着更新与挑战，传统金石学也处在这样的变局之中。梁启超称"金石学之在清代，又彪然成一科学也"，被赋予"证经补史"之任的金石学，在经学逐渐消亡最终退出教育体制后，又该何去何从，成为当时众多优秀学者的探索方向，容庚即是其中之一。

容庚 (1894 ～ 1983)，字希白，号颂斋，广东东莞人，著名古文字学家、收藏家、金石学者。他生于东莞，壮年游历北京，毕生致力于访古考古、研究古文字、收藏古器物，并和中国新兴现代学术研究机构融为一体。他的一生，不仅是个体的生命历程，更是以金石学为代表的中国传统学术如何走向现代的典范。

有鉴于此，深圳博物馆联合广东省立中山图书馆、广东省博物馆、广州博物馆、广州艺术博物院、莞城美术馆等多家单位，拣选相关文物资料 200 余件，希冀通过对容庚金石学学术历程和成就的展现，让社会大众了解容庚、了解金石学，以此缅怀这位来自岭南的杰出学者、一位在现代社会浪潮冲击之下的传统文化弘扬者、一位毕生致力于为传统学问开辟新路的探索者！

希白元胎兩雅同輯

東莞印人傳

辛酉六月鄧爾疋

聊自娛齋遺稿

擬恨賦

東莞容作恭鄭南簪

曉隄黃雀釀酒吉墓華鶴孤
秋情誰訴于是僕本健兒金棺燕臺春
永訣昔如藝祖龍降馬孤憤欲絕抗懷光
土北漢割城戚華夏遠屋周社宮門洞開歡懷朝野
燭影斧聲震華結髮百戰秉鉞四征南唐納
月氣奮佩雲不遍聲色用集大
胡為牛口乃臨吾野

第一单元

家世传承

　　清代中晚期以来，岭南地区因阮元、张之洞等先后提倡，学海堂、广雅书院相继设立，朴学风气渐浓，文化逐渐发达，滋养了大批学者。东莞容氏、邓氏都是地方大族，家学夙有渊源。在这种环境下出生和成长的容庚，自小就接受了传统学问的熏陶，尤其在金石学方面培养了趣味。早年篆刻和钻研古文字、古器物的经历，为容庚日后毕生致力于金石考古种下了远因。

一、家学渊源

　　1894年9月5日，容庚诞生于广东东莞县城外旨亭街。他原名肇庚，字希白，号颂斋。父亲容作恭曾因他诞生而赋诗云："时局正需才，生男亦壮哉。高轩一再过，都为试啼来。"

容鹤龄 (1831～1897)

字青田，少承家学，有文名。同治癸亥(1863)年进士。初授知县，弃官不为，后掌教东莞龙溪书院十余年，诱掖后进，提倡风雅，俨然为当地文宗。

容作恭 (1872～1908)

字朝昌，号邨南，广雅书院学生，光绪丁酉年（1897）拔贡，著作纂为《聊自娱斋遗稿》。

邓琼宴 (?～1930)

母邓琼宴，翰林院编修、署江西按察使邓蓉镜三女，育三子（庚、肇新、肇祖）四女（竹孙、婄、媛、娴）。

容庚 (1894～1983)

字希白，号颂斋。现代金石学家、古文字学家、书法家。自幼随舅父邓尔雅学书，后师从罗振玉研究古文字。1922年，入国立北京大学研究所国学门为研究生。先后任教于燕京大学、岭南大学、中山大学。著作等身，著有《金文编》《金文续编》《商周彝器通考》《殷周青铜器通论》等。善书法，好古器物收藏，在书画、碑帖领域也有研究。

容肇新 (1896～1915)

字千秋，六书篆、隶之学无所不窥。邓尔雅甥，《广印人传补遗》记容肇新"刻印师其舅"。

容肇祖 (1897～1994)

字元胎，近现代著名的古典哲学研究家、民俗学家和历史学家。曾任中国社会科学院哲学研究所研究员、国务院古籍整理出版小组顾问、中国民俗学会副会长、中国哲学史学会顾问。其著作《明代思想史》被学界誉为"里程碑式著作，断代哲学史的典范"。

《聊自娱斋遗稿》

邓琼宴

容庚诞生地，现为容庚故居纪念馆。

容鹤龄行书七言联

清代

纵 169 厘米、横 39 厘米

广州艺术博物院藏

容庚捐赠

———

释文：诗吟岛佛专工瘦，书法坡仙不碍肥。

贻勋三兄先生属。青田容鹤龄。

钤印：容鹤龄印、别字青田、容庚。

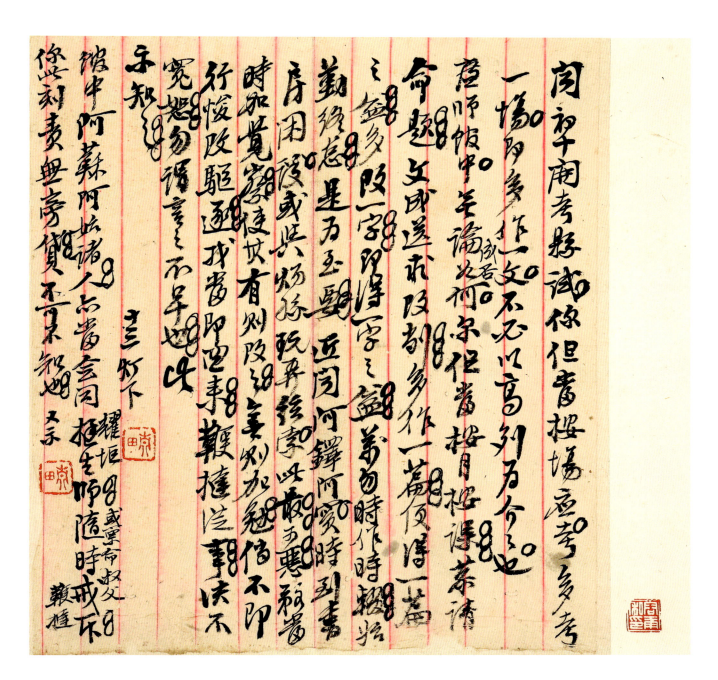

容鹤龄青田公家训

清代

纵 24.5 厘米、横 23 厘米

莞城美术馆藏

容庚家属捐赠

———

释文：闻初十开考县试。你但当按场应考。多考一场，即多作一文。不必以高列为介之也。
廉师馆中，无论成否如何，尔但当按月按课，恭请命题，文成送求改削。多作一篇，便
得一篇之益。多改一字，即得一字之益。万勿时作时辍，始勤终怠，是为至要。近闻阿
铎阿实时到书房闲谈，或与炀孙玩弄弦索，此最可恶。务当时加觉察。使其有则改之，
无则加勉。倘不即行悛改驱逐，我当即回来鞭挞从事，决不宽恕。勿谓言之不早也。此
示知之。　十三灯下。
馆中阿苏阿始诸人，亦当会同挺生、耀矩师，随时戒斥鞭挞，或禀命叔父。你此刻责无旁贷，
不可不知也，又示。

钤印：青田、容庚私印。

容鹤龄楷书团扇面（赠天昭一兄）

清代

纵 25 厘米、横 25.5 厘米

莞城美术馆藏

容庚家属捐赠

———

释文：是以翘心净土，法游西域。乘危远迈，杖策孤征。积雪晨飞，
途间失地，惊砂夕起，空外迷天。　怀仁《三藏圣教序》
明姿耀玉，慧性旋珠，垂髫而贞度山安，待笄而丽辞泉涌。
蚕桑之暇，癖嗜丝桐。家有美材，命工精斫。　《瘗琴铭》
天昭一兄先生属。　容鹤龄。

钤印：青田、荃屏仙史。

容祖椿（1872～1944）

字仲生，号自庵，容庚从叔，东莞旨亭街人，师事岭南画派奠基人居廉，与高剑父、陈树人同出一门。工人物、山水、花鸟画，是容庚学习中国绘画的启蒙老师。

容祖椿鸡冠花扇面
近代
纵 22 厘米、横 40 厘米
莞城美术馆藏
容庚家属捐赠

———

释文：洛公农部先生指正之，弟容祖椿画于浮碧亭。
钤印：东官容氏、祖椿。

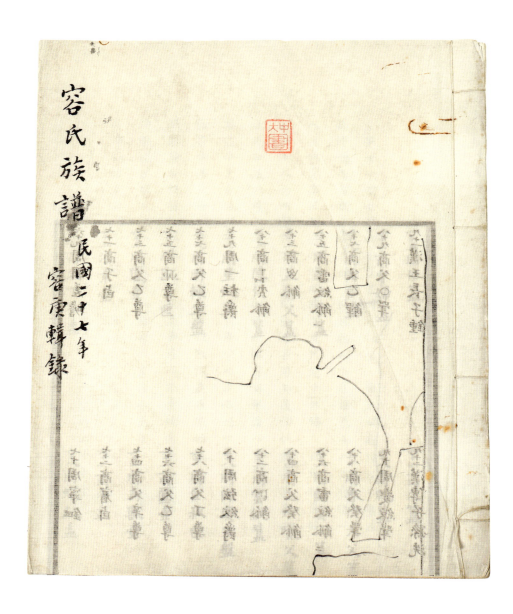

容祖椿白鸽扇面

近代

纵 19 厘米、横 53 厘米

莞城美术馆藏

容庚家属捐赠

———

释文：仲生。

钤印：容祖椿印。

容庚辑录《容氏家谱》

1938 年

纵 25.2 厘米、横 20.5 厘米

批校本

容庚家属提供

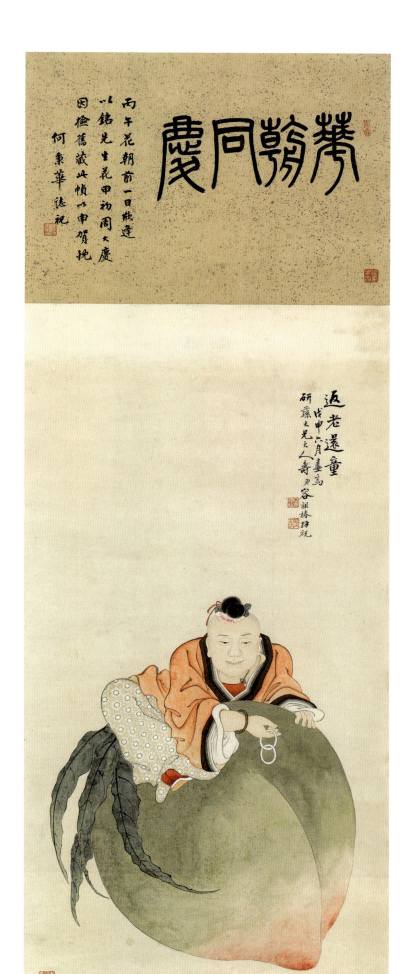

返老還童
戊申六月畫為
研蓀大兄大人壽
弟容祖椿拜祝

容祖椿设色"返老还童"图轴

1908 年

纵 108.6 厘米、横 53.6 厘米

深圳博物馆藏

———

释文：返老还童。戊申六月画为研荪大兄大人寿。
　　　弟容祖椿拜祝。

钤印：容祖椿印、仲生仿古、东官容祖椿书画之印、
　　　绿香主人书画窑兰之印。

题跋：华翰同庆。丙午花朝前一日，欣逢以铭先生
　　　花甲初周大庆，因检旧藏此帧以申贺忱。何
　　　秉华志祝。

钤印：鹤寿、延寿未央、永受嘉福。

邓蓉镜（1834～1903）

容庚外祖父，同治十年（1871）进士，翰林院编修、署江西按察使，后任广雅书院山长，富收藏，精篆刻。

广雅书院位于今广州荔湾区西湾路 1 号广雅中学内

广雅书院由两广总督张之洞在 1898 年 6 月设立，与湖北自强学堂、两湖书院、上海南洋公学并称为当时中国四大书院，历任山长为梁鼎芬（1888～1889）、朱一新（1889～1894）、廖廷相（1894～1898），邓蓉镜于 1898～1902 年间任山长。

明姿耀玉，慧性旋珠，垂髫而贞度山安，待笄而丽辞泉涌。蚕桑之暇，癖嗜丝桐。家有美材，命工精斫。音律既协，性命相依。《瘗琴铭》开弥广之路，以待田单之徒，长容善之风，以申齐士之志。使夫忠者遂节，通者义著，昭之东海，属之华裔。我泽如春，下应如草。《乐毅论》子怀姻四世兄大雅之属。莲裳邓蓉镜。

邓蓉镜小楷团扇面

清代

纵 26.4 厘米、横 26.4 厘米

莞城美术馆藏

容庚家属捐赠

———

释文：明姿耀玉，慧性旋珠，垂髫而贞度山安，待笄而丽辞泉涌。蚕桑之暇，
　　　癖嗜丝桐。家有美材，命工精斫。音律既协，性命相依。　《瘗琴铭》
　　　开弥广之路，以待田单之徒，长容善之风，以申齐士之志。使夫忠者遂节，
　　　通者义著，昭之东海，属之华裔。我泽如春，下应如草。　《乐毅论》
　　　子怀姻四世兄大雅之属。莲裳邓蓉镜。

钤印：莲裳、容庚。

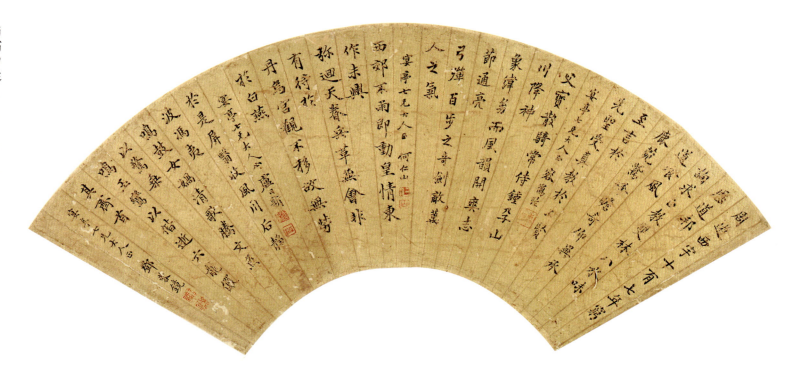

邓蓉镜等小楷折扇面

清代

纵 25 厘米、横 53.3 厘米

莞城美术馆藏

容庚家属捐赠

———————

释文： 周游西宇，十有七年，穷历道邦，询求正教，双林八水，味道食风，鹿
苑鹫峰，瞻奇仰异。承至言于先圣，受真教于上贤。
宴亭七兄大人正。容鹤龄。
父宝，散骑常侍。锺孕山川，降神象纬，幼而风韵开爽，志节通亮。弓
殚百步之奇，剑敌万人之气。
宴亭七兄大人正。何仁山。
西郊不雨，即动皇情。东作未兴，弥迥天眷。兵革无会，非有待于丹乌。
宫观不移，故无劳于白燕。
宴亭七兄大人正。卢日新。
于是屏翳收风，川后静波。冯夷鸣鼓，女娲清歌。腾文鱼以警乘，鸣玉
鸾以偕逝。六龙俨其齐首。
宴亭七兄大人正。邓蓉镜。

钤印： 青田、仁山、日新、筱铭、莲、裳。

二、金石之路

　　1909 年，容庚至广州启明小学堂就读，与邓蓉镜之子、四舅邓尔雅同住。在邓尔雅的指导下，他系统接触金石篆刻，研读《说文解字》，接受到了古文字学的初步训练，由是开启他的金石之路。

邓尔雅

广东东莞人，邓蓉镜四子，原名溥霖，字季雨，别名尔雅，号尔疋、介疋、宠恩，别署绿绮台主、风丁老人，篆刻家、书法家、画家。他幼承家学，早年攻篆刻、书法和文字训诂之学，1899 年入广雅书院就读，曾与潘达微等办《时事画报》《赏奇画报》。

渔山人

万岁

容斋金石
（壬戌五月尔疋刻为容斋主人）

临曹全碑

东莞资福時（寺）
南汉镇象经幢

容庚所藏殷周秦汉文字
（庚申岁莫刻为希白吾
甥印可 尔疋）

邓尔雅篆刻作品

容庚：《绿绮台琴记》，《学生》1915
年第 2 卷第 6 期。

邓尔雅篆书七言联

现代

纵 133 厘米、横 22 厘米

深圳博物馆藏

商承祚家属捐赠

释文：壹门鼎盛亲风雅，万事原头必正名。

　　　锡永方家属篆集龚定庵句奉似。

　　　邓尔疋写于赤柱山中。

钤印：生后完白山人百卅年、邓尔雅印、默翁。

邓尔雅题"颂斋"横额

1932 年

尺寸：纵 16.9 厘米、横 82 厘米

容庚家属提供

———

释文：颂斋

　　　希白外生初号容斋，近夐为颂，即容本字，传世鼎敦盘壶之属，为颂所
　　　作者甚多，希白喜藏吉金，庶几遇之。

　　　壬申九月。尔疋。

钤印：尔雅、公之砚。

邓尔雅"后山而后"白文青田石印章

1911 年

长 1.7 厘米、宽 1.7 厘米、高 5.1 厘米

深圳博物馆藏

商承祚家属捐赠

———

单刀深刻楷体边款: "晦公酷爱后山诗,尤慕后山之为人,因治此印把似。辛亥尔疋。"

晦公即黄节。黄节(1873 ～ 1935),字玉昆,号纯熙,别署晦翁、蒹葭楼主,广东顺德人,同盟会会员,南社社员,擅诗文书法,任教北京大学,著有《诗旨纂辞》《顾亭林诗说》《蒹葭楼集》等。

"后山"即北宋晚期江西诗派代表人物陈师道(1053 ～ 1102)(号"后山居士"),黄节倾慕陈后山之诗,曾在法源寺为后山设祭作诗。此印乃邓尔雅为黄节所治。

  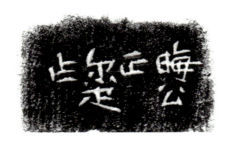

邓尔雅"江夏"朱文青田石印章

近代

长 2.6 厘米、宽 1.1 厘米、高 2.9 厘米

深圳博物馆藏

商承祚家属捐赠

———

单刀细刻楷体边款："晦公正，尔疋作。"

据边款可知此印是邓尔雅为黄节所治。因黄氏
多以"江夏"为郡望，故有"江夏黄氏"之称。

邓尔雅"黄／节"白朱文寿山石印章
近代
长 2.2 厘米、宽 1.1 厘米、高 4.4 厘米
深圳博物馆藏
商承祚家属捐赠

———

单刀线刻行楷边款："晦公道丈，尔疋。"可知此印是邓尔雅为黄节所治。

邓尔雅"黄节"朱文青田石印章

近代

青田石

长 1.7 厘米、宽 1.7 厘米、高 4.1 厘米

深圳博物馆藏

商承祚家属捐赠

单刀线刻行楷边款："晦闻先生正，尔疋。"可知此印是邓尔雅为黄节所治。

邓尔雅"濂 / 碧望里人"朱文青田石印章

近代

长 2.3 厘米、宽 0.9 厘米、高 2.2 厘米

深圳博物馆藏

商承祚家属捐赠

边款："尔疋"。

高蕴琴（？～ 1927 年），名学濂，字隐岑，又号韫言、韫岑，广东澄海人。高氏为晚清民国澄海望族，香港富商，富收藏，精鉴赏，与蔡哲夫、邓尔雅等均为好友。

第二单元
燕都访古

　　1916 年容庚东莞中学毕业后，与三弟容肇祖合编《东莞印人谱》，拟编《殷周秦汉文字》等，后成《金文编》。1922 年 6 月，他与容肇祖一同前往北京计划对《金文编》进行补充。7 月路过天津时拜访了古文字学者罗振玉，以《金文编》出示，受到罗振玉赞赏，称容庚"治古金文，可造也"，将他推荐给北京大学研究所国学门主任马衡。由是开启了容庚北上京城、燕都访古的二十余年。

一、晚清金石之风

　　中国古代秦汉时期就有对铜器铭文和碑刻进行研究的历史，但系统专书如《金石录》《集古录》等多出现在宋代，故王国维称"谓金石学为有宋一代之学，无不可也"。清乾隆年间朝廷开馆编纂《四库全书》，考据学由此而兴，带动金石学复兴。史载"乾嘉巨卿魁士，相率为形声、训诂之学，几乎人肄篆籀，家耽苍雅矣。诹经榷史而外，或考尊彝，或访碑碣，又渐而搜及古砖，谓可以印证朴学也"。

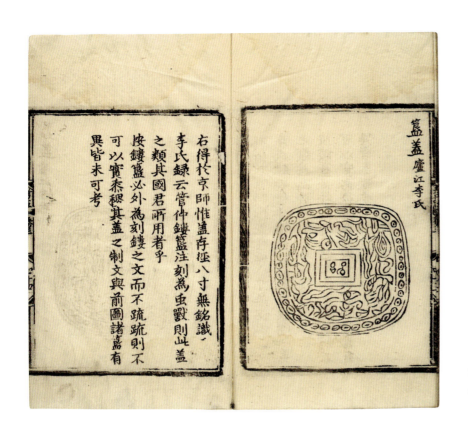

《考古图》，北宋吕大临撰，此书系统著录宫廷和私家收藏的古代铜器、玉器等古物，是宋代金石学的重要著作。

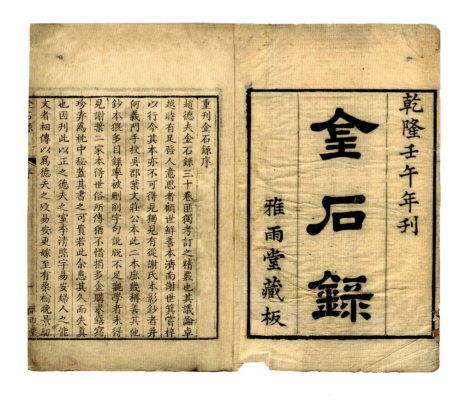

《金石录》，北宋赵明诚撰，此书收录从三代到隋唐五代钟鼎彝器的铭文款识和碑铭墓志文字，是中国最早的金石学目录与研究专著之一。

震钧（1857～1920）

字在延，北京人，自号涉江道人。满族，汉姓名唐晏。曾任江苏江都知县，1910年执教于京师大学堂，亲历咸丰、同治、光绪、宣统四朝。所著《天咫偶闻》记述清末北京地区政治、文化、典章制度和风土人情，其它著作包括《庚子西行记事》《渤海国志》《国朝书人辑略》等。

光绪初年，京师士夫以文史、书画、金石、古器相尚，竞扬摧翁大兴、阮仪征之余绪。当时以潘文勤公、翁常熟为一代龙门，而以盛、王二君为之厨顾。四方豪俊，上计春明，无不首诣之。即京师人士谈艺，下逮贾竖平准，亦无不以诸君为归宿。厂肆所售金石、书画、古铜、瓷玉、古钱、古陶器，下至零星砖甓，无不腾价蜚声。而士夫学业亦不出考据、鉴赏二家外。

—— 震钧：《天咫偶闻》

《天咫偶闻》书影

王国维（1877～1927）

字静安，号观堂，浙江海宁人。清华国学研究院四大导师之一，中国新学术的开拓者，甲骨研究四堂之一。在文学、美学、哲学、历史考古、古文字等领域贡献卓著。陈寅恪称其学术成就"几若无涯岸之可望、辙迹之可寻"。著有《殷周制度论》《流沙坠简》《古史新证》《红楼梦评论》《宋元戏曲考》等。

古器物及古文字之学，盛于宋而中衰于元明……乾隆初，始命儒臣录内府藏器为《西清古鉴》，海内士夫，闻风承流，相与购求古器，搜集拓本。其集诸家器为专书者，则始于阮文达之《积古斋钟鼎彝器款识》，而莫富于吴子苾阁学之《攈古录金文》；其著录一家藏器者，则始于钱献之之《十六长乐堂古器款识》，以迄于端忠敏公《陶斋吉金录》。著录之器，殆四倍于宋人焉。数十年来，古器滋出，与其前散在各家未经著录者，又略得著录者之半。

——王国维：《国朝金文著录表》

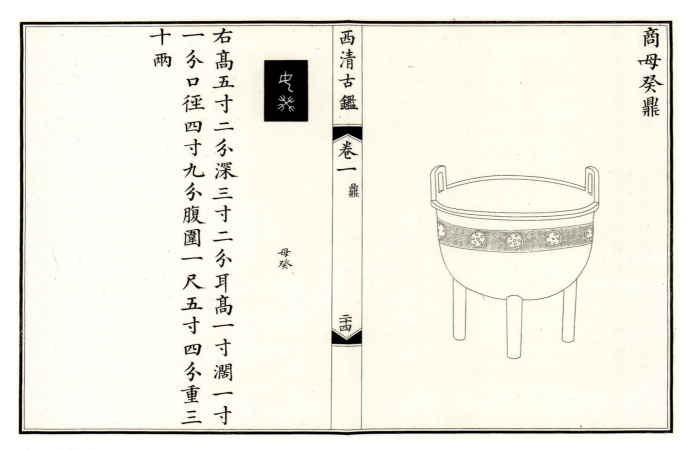

《西清古鉴》书影

康有为（1858～1927）

原名祖诒，字广厦，号长素，广东南海人。光绪二十一年（1895）进士，近代资产阶级改良主义运动领袖。发起"公车上书"，后建立强学会，参加百日维新，起草编发诏令。著有《新学伪经考》《广艺舟双楫》《康南海先生诗集》等。

乾嘉之后小学最盛，谈者莫不藉金石以为考经证史之资，专门搜辑著述之人既多，出土之碑亦盛，于是山岩屋壁，荒野穷郊，或拾从耕父之锄，或搜自官厨之石，洗濯而发其光采，摹搨以广其流传……出碑既多，考证亦盛。

——康有为：《广艺舟双楫》

《广艺舟双楫》书影

姓　名	图　像	简　介
顾炎武（1613～1682）		原名绛，字忠清。明亡后，改名炎武，字宁人，学者尊为亭林先生。他是明末清初思想家、学者，与黄宗羲、王夫之并称"明末三大儒"。他所著《金石文字记》被认为是清代金石学的滥觞。
翁方纲（1733～1818）		字忠叙，号覃谿，晚号苏斋，乾隆年间进士，历任内阁学士、山东学政、鸿胪寺卿等。精于金石学，著有《两汉金石记》《粤东金石略》《汉石经残字考》《焦山鼎铭考》《庙堂碑唐本存字》等。
钱坫（1744～1806）		字献之，号十兰，又号篆秋，学者钱大昕之侄。乾隆年间举人，历任兴平县知县、乾州知州、华州知州等。精训诂，明舆地，尤工小篆。著有《十经文字通正书》《圣贤冢墓志》《十六长乐堂古器款识考》《浣花拜石轩镜铭集录》《篆人录》等。
阮元（1764～1849）		字伯元，号芸台（或作云台），又号擘经老人、雷塘庵主等。乾隆年间进士，历任山东、浙江学政，浙江、江西、河南巡抚、漕运总督、湖广、两广、云贵总督，官至体仁阁大学士，政绩、学问均有建树，被誉为"一代文宗、三朝阁老、九省疆臣"。学问渊博，精于金石鉴赏，编纂《皇清经解》《十三经注疏》，著有《畴人传》《擘经室集》《积古斋钟鼎彝器款识》等。
吴式芬（1796～1856）		字子苾，号诵孙，道光年间进士，官至内阁学士。生平专攻训诂之学，长于音韵，精于考订，凡鼎彝、碑碣、汉砖、唐镜之文，皆拓本收录。著有《金石汇目分编》《海丰吴氏双虞壶斋印存》《攈古录金文》等。
陈介祺（1813～1884）		字寿卿，又字酉生，号伯潜，又号簠斋，晚号海滨病史。道光年间进士，授翰林院编修，后弃官归里。精于鉴别，与潘祖荫号称"南潘北陈"，曾收藏毛公鼎。著有《簠斋藏古目》《簠斋吉金录》《十钟山房印举》《封泥考略》等。
潘祖荫（1830～1890）		字伯寅，号郑盦、龟盦、龙威洞天主。咸丰年间探花，官至工部尚书、军机大臣。长于考据训诂，尤喜收藏金石，闻名南北，精于鉴别。著有《海东金石录》《粤东金石略》《攀古楼金石款识》《滂喜斋读书记》等。

姓　名	图　像	简　介
翁同龢（1830～1904）		字叔平，号松禅，晚号瓶庵居士。咸丰年间状元，官至户部、工部尚书、军机大臣兼总理各国事务衙门大臣，两朝帝师。他精于书法，博采众长，精鉴赏，富收藏，凡历代书画名迹、宋元善本、碑帖文玩，皆有丰藏。
吴大澂（1835～1902）		字止敬，又字清卿，号恒轩，又号愙斋。同治年间进士，历任陕西学政、太仆寺卿、广东巡抚、湖南巡抚等。善山水花卉，精于篆书，喜收藏古器、古玉，著有《古玉图考》《愙斋集古录》《权衡度量考》《恒轩所见所藏吉金录》等。
张之洞（1837～1909）		字孝达，一字香涛，号香岩，又号壶公、无竞居士，晚年自号抱冰，人称"张香帅"。同治年间探花，晚清重臣。政事之余，他雅好收藏古籍、碑版和金石古物，与潘祖荫往来密切，金石学方面著有《论金石札》等。
王懿荣（1845～1900）		字正孺，号廉生，光绪年间进士，曾三任国子监祭酒。精通金石学，被认为是甲骨文的最早发现者，著有《福山金石志》《天壤阁杂记》《汉石存目》等。
盛昱（1850～1899）		字伯希，又字伯熙、伯羲、号韵莳，室名意园、郁华阁、栘林馆。光绪年间进士，任国子监祭酒，喜好鉴赏与收藏古铜器、五代唐宋名画、宋版书籍等，著有《郁华阁金文》《阙特勤碑释文》等。
端方（1861～1911）		字午桥，号陶斋，光绪年间举人，官至直隶总督。清末政治家、金石学家、收藏家，喜收藏金石书画，海内孤本精拓、宋元明以来名迹等，著有《陶斋吉金录》《陶斋藏石记》《陶斋藏印》等。

1. 金石学影响下的书风

在金石学影响下，清代中晚期书法书风有了较大变化，如对金文、篆书的重视，强调书法作品中的"金石气"和"古雅"之美。碑帖和金文拓片成为古物市场中的重要流通物，金文及篆书作品愈加盛行。

段簋

西周中期

高 13.6 厘米、口径 21.2 厘米

上海博物馆藏

李荫轩先生、邱辉女士捐赠

——

段簋侈口束颈，腹部下垂，一双兽首耳，下有方形垂珥，矮圈足外侈。颈部饰回首夔龙纹，形如鸟，分尾内卷，圈足饰两道弦纹。簋内底铸铭文六行五十七字（其中重文二）：

唯王十又四祀十又一月

丁卯，王在毕烝，戊辰赠，

王蔑段历，念毕仲孙子，

令龚嫢馈大则于段。敢

对扬王休，用作簋，孙孙子子

万年用享祀，孙子取引。

铭文主要记述了周王赏赐段采地的事情。器主名段，受赏赐的原因是周王念在段是"毕仲孙子"，毕仲是周文王之子、武王之弟毕公高的次子。

罗振玉临段簋金文轴

近代

纵 134.9 厘米、横 33 厘米

深圳博物馆藏

商承祚家属捐赠

———

释文：丙寅仲冬，贞松罗振玉书于泮沽。

钤印：振玉印信、老于忧患。

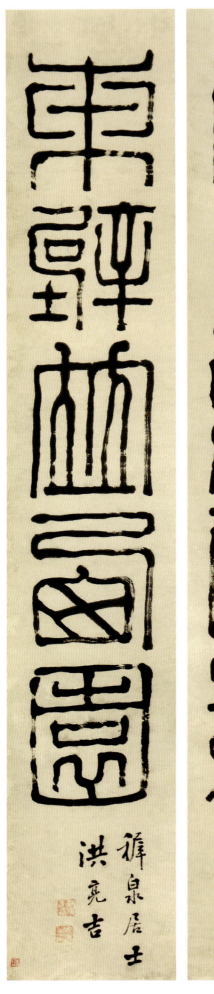

洪亮吉篆书五言联

清代

纵 153.6 厘米、横 26.2 厘米

广州艺术博物院藏

容庚捐赠

———

释文：南宫与北苑，东壁并西园。

　　　甲辰花朝后二日，稚泉居士洪亮吉。

钤印：洪亮吉印。

洪亮吉（1746～1809）字君直，一字稚存，号北江，晚号更生，
江苏阳湖（今常州市）人。乾隆年间榜眼，历任国史馆编纂官、
贵州学政等，入直上书房。精于朴学、史地、训诂诸学，工篆书，
因人口论方面的观点而著称。

陈澧篆书《开母庙石阙铭》

清代

纵 110 厘米、横 47.2 厘米

广州艺术博物院藏

容庚捐赠

——

释文：皇极正而降休，木连理于芊条，咸来王而会朝，
九域少其修治。贺湖大兄雅鉴。澧。

钤印：陈澧之印、兰甫、容庚。

陈澧，字兰甫，因少时读书于东厢书塾，晚年自题
著作为《东塾读书记》，故学者尊为"东塾先生"，
番禺（今广州）人。他长期担任学海堂学长、菊坡
精舍山长，育才众多，广涉经史、音韵文字、声律
音乐、地理数学、书法诗词等领域，是晚清岭南学
术最具影响的杰出人物。他性好碑版，篆书"法度
谨严，晚年之作，尤为朴茂有致"。

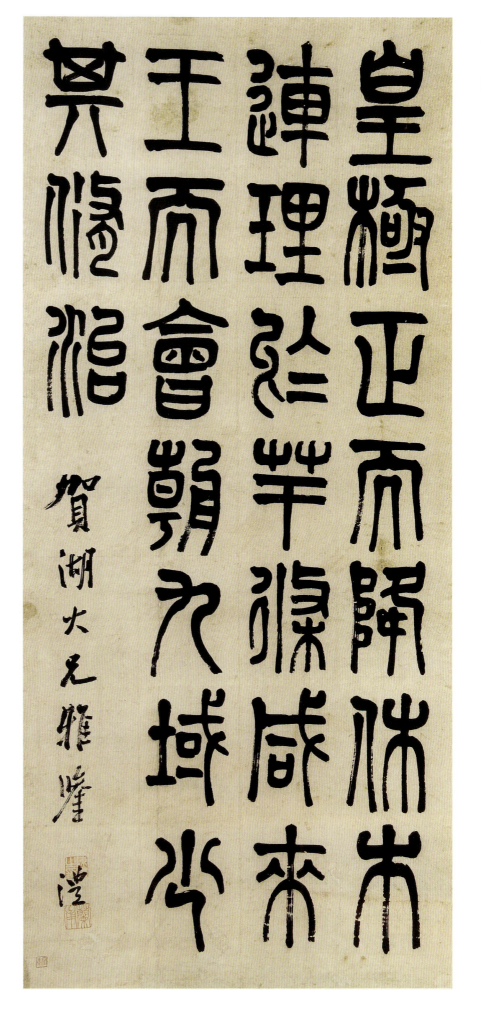

陈澧篆书八言联

清代

纵 163 厘米、横 33 厘米

广州艺术博物院藏

容庚捐赠

———

释文：好学深思心知其意，进德修业将以及时。
　　　贺湖大兄雅鉴。陈澧兰甫。

钤印：陈澧之印、兰甫。

吴大澂篆书七言联

清代

纵 176 厘米、横 40.2 厘米

广州艺术博物院藏

容庚捐赠

释文：文章清逸世少比，胸次广博天所开。

瑶斋大兄属篆。吴大澂。

钤印：吴大澂印、愙斋。

吴大澂幼习篆刻，精于篆书。收藏亲见了大量青铜器铭文和其它古文字资料，在多年揣摩基础上，他创造出古雅清穆的篆文书风，对后世篆文书法和篆刻艺术产生了深远影响。

吴大澂篆书《陋室铭》《爱莲说》六屏

清代

纵 170 厘米、横 38 厘米（每屏）

广州艺术博物院藏

容庚捐赠

释文：山不在高，有仙则名。水不在深，有龙则灵。斯是陋室，惟吾德馨。苔痕上阶绿，草色
入帘青。谈笑有鸿儒，往来无白丁。可以调素琴，阅金经。无丝竹之乱耳，无案牍之劳形。
南阳诸葛庐，西蜀子云亭。孔子云：何陋之有。　柳子厚《陋室铭》
水陆草木之花，可爱者甚蕃。晋陶渊明独爱菊。世之人皆爱牡丹。予独爱莲之出污泥而
不染，濯清涟而自洁，中通外直，不蔓不支，香远益清，亭亭瀞植，可远观而不可近玩焉。
予谓菊，花之隐逸者也；牡丹，花之富贵者也；莲，花之君子者也。噫，菊之爱，陶后
鲜有闻。莲之爱，同予者何人。牡丹之爱，宜乎众矣。　周濂溪先生《爱莲说》
峻峰仁弟都护大人鉴正。　愙斋吴大澂。

钤印：吴大澂印、愙斋。

广求文献亦多能 博涉史书籀强识

晋卿仁兄同年大人察书

吴大澂

吴大澂篆书七言联

1872 年

纵 148 厘米、横 36 厘米

深圳博物馆藏

商承祚家属捐赠

———

释文：博涉史书籀强识，广求文献亦多能。

晋卿仁兄同年大人察书。吴大澂。

钤印：吴大澂印、愙斋。

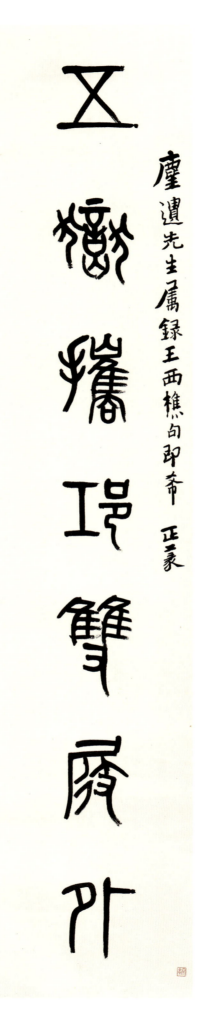

黄士陵篆书七言联

清代

纵 134.5 厘米、横 27 厘米

广州艺术博物院藏

容庚捐赠

释文：五岳携邛双屐外，千秋抵掌一尊前。

　　　　麈遗先生属录王西樵句，即希正篆。

　　　　著雍困敦，中秋穆甫黄士陵。

钤印：士陵长年、穆父学篆。

黄士陵（1849～1908），字牧甫（一作穆甫），号倦叟，别号黟山人。晚清著名篆刻家、书画家。他曾和盛昱、王懿荣、吴大澂等著名学者往来，得以观览各地所藏的金石彝器和书画珍品，眼界大开。后随广东巡抚吴大澂南下广州，作为吴大澂的幕僚在广州前后留十余年，成为名重岭南的篆刻和书画大师。著有《黟山人黄牧甫先生印存》。

黄士陵《说文序》篆书四屏

清代

纵 242.3 厘米、横 57.5 厘米（每屏）

广州艺术博物院藏

容庚捐赠

———

释文：秦始皇帝初兼天下，丞相李斯迺奏同之，罢其与秦文不合者。斯作《仓颉篇》，中车府令赵高作《爰历篇》，大史令胡毋敬作《博学篇》，皆取史籀大篆，或颇省改，所谓小篆者也。是时秦烧灭经书，涤除旧典。大发吏卒，兴成役，官狱职务繁，初有隶书，以趣约易，而古文繇此绝矣。自尔秦书有八体：一曰大篆，二曰小篆，三曰刻符，四曰虫书，五曰摹印，六曰署书，七曰殳书，八曰隶书。汉兴有草书。尉律：学僮十七以上始试。讽籀书九千字，迺得为史。又以八体试之。郡移太史并课。最以为尚书史。书或不正，辄举劾之。今虽有尉律，不课。黄门侍郎杨雄，采以作《训纂篇》。

墨缘仁兄大人正讹，屠维赤奋若如月，穆甫黄士陵。

钤印：好学为福、士陵长年、穆父学篆。

黄士陵篆书《桃花源记》四屏

清代

纵 137 厘米、横 32.9 厘米（每屏）

广州艺术博物院藏

容庚捐赠

——

释文：忽忽逢桃花林，夹岸数百步，中无杂树，芳草鲜美，落英缤纷。

渔人甚异之，复前前行，欲穷其林。林尽水源，便得壹山。

昌毅大兄大人雅属。弟黄士陵。

钤印：士陵印章、一日之迹。

章炳麟篆书七言联

近代

纵 147 厘米、横 31 厘米

广州艺术博物院藏

容庚捐赠

———

释文：幽溪鹿过苔还静，深树云来鸟不知。

　　　书赠晓汀。章炳麟。

钤印：章炳麟印、太炎、容庚。

章炳麟（1869～1936）原名学乘，字枚叔，后易名炳麟。因反清意识浓厚，慕顾绛（顾炎武）的为人行事而改名为绛，号太炎，世人称之为"太炎先生"，浙江余杭人。清末民初民主革命家、思想家、著名学者，研究涉及小学、历史、哲学、政治等，著述甚丰。因注重金石碑版，他的篆书古趣浑厚，稚拙苍雄。

2. 全形拓

全形拓是一种以墨拓作为主要手段，使用宣纸和墨汁，辅以素描、剪纸等技术，将器物的立体形状复原到纸上的传拓技法，又称"器物拓""图形拓""立体拓"。全形拓出现于清代乾嘉年间，这和乾嘉以降的朴学风气关系密切。全形拓因能展现古器物完整外貌而受到重视，亦开辟出新的金石艺术类型。

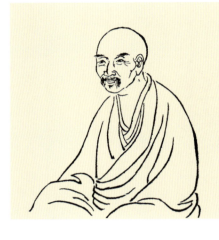

六舟上人（1791～1858）

俗姓姚，名达受，字六舟，又字秋揖，号南屏退叟、小绿天庵僧等，嘉兴海昌（今属海宁）人。他生活的乾隆、嘉庆、道光三朝，正是清代金石文化的兴盛期。六舟精通诗文绘画、书法治印、鉴赏古物、修整古器，性嗜金石，尤擅全形拓，也是全形拓的创始人之一，堪称当世一绝，被阮元尊称为"金石僧"。

六舟全形拓《剔灯图》

陈子子匜全形拓片

纵 106 厘米、横 49 厘米

广东省立中山图书馆藏

容庚捐赠

———

陈子子匜，春秋早期盥洗注水器，陈介祺旧藏，
今藏北京故宫博物院。此图为匜全形拓及器
内铭文拓片，钤"簠斋吉金文字""秦铁权
斋""平生有三代文字之好""半生林下田
间""海滨病史"。

虢叔旅钟全形拓片

纵112厘米、横45厘米

广东省立中山图书馆藏

容庚捐赠

钤印：陶斋所藏金石刻辞。

端方旧藏。后归容庚。

陈介祺藏古陶器拓片合裱轴

清代

纵 135 厘米、横 65 厘米

深圳博物馆藏

商承祚家属捐赠

钤印：海滨病史、簠斋藏古、平生有三
　　　代文字之好。

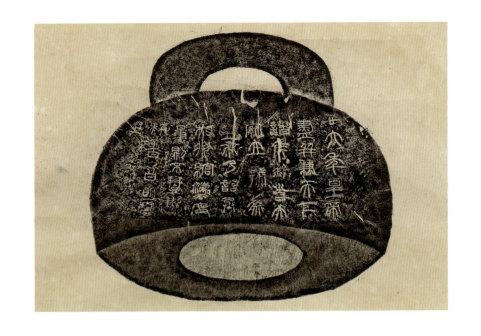

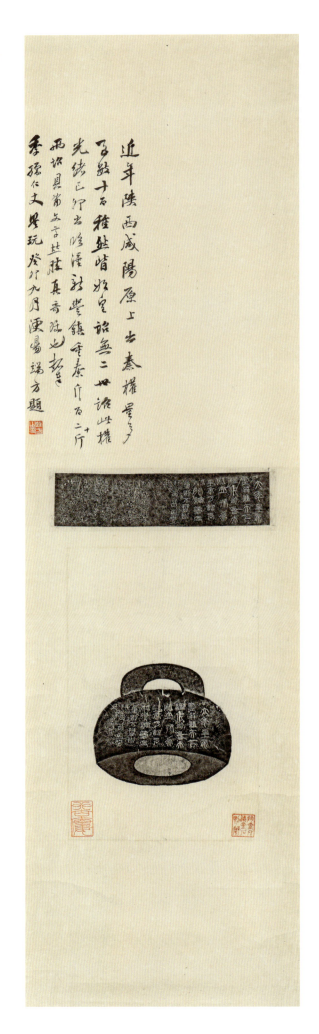

秦权全形拓片及端方题记轴

清代

纵 182 厘米、横 50 厘米

深圳博物馆藏

商承祚家属捐赠

———

题跋： 近年陕西咸阳原上出秦权量多至数十百种，然皆始皇诏，无二
世诏，此权光绪己卯出临潼新丰镇。重秦斤百二十斤，两诏具
备，文字并胜，真奇□也。拓奉季孺仁丈鉴玩。　癸卯九月渑
阳端方题。

钤印： 端方之印、攀古楼、陶斋所藏金石刻辞。

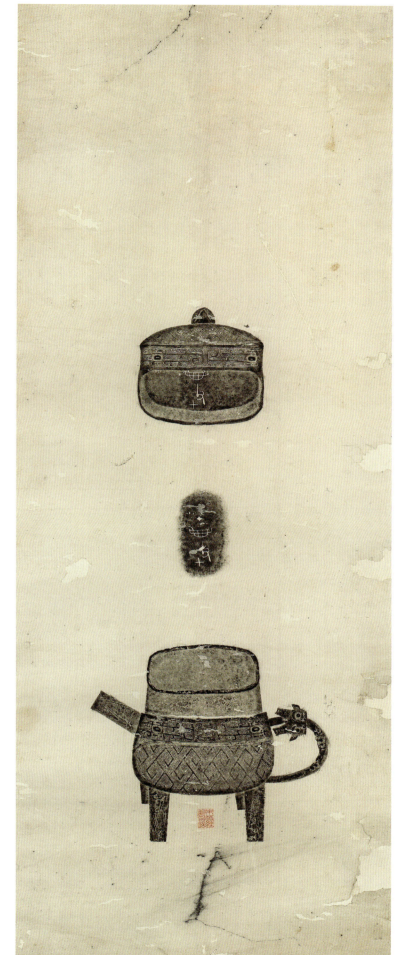

父甲盉全形拓片轴

近代

纵 118.3 厘米、横 44.9 厘米

深圳博物馆藏

商承祚家属捐赠

钤印：朱芳经眼印信。

散氏盘全形及铭文拓片轴

近代

纵 121.4 厘米、横 64.8 厘米

深圳博物馆藏

商承祚家属捐赠

———

钤印：养心殿精鉴玺、希丁手拓散盘、金溪周康
元所拓吉金文字印。

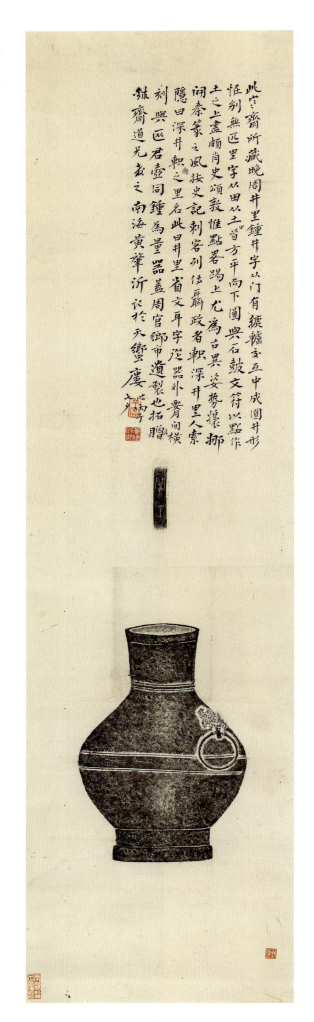

东周井里锤拓片轴

1936 年
纵 125 厘米、横 33.5 厘米
深圳博物馆藏
商承祚家属捐赠

———

题跋：此寒斋所藏晚周井里锤，井字从门有辘轳，交互中成圆井形，怪别
无匹。里字从田从土，田首方平而下圆，与石鼓文符。以点作土之
上，尽颇肖史颂敦，惟点略踢上，尤为古异，姿势嬛娜，开秦篆之
风。按《史记·刺客列传》，摄政者，轵深井里人。《索隐》曰深井，
轵县之里名。此曰井里，省文耳。字从器外腰间横刻，与□君壶同。
锤为量器，盖周官乡市遗制也。拓赠请钵斋道兄教之。 南海黄肇
沂记于天籁楼。时丙子七夕。

钤印：半园、黄肇沂玺、咏雪、南海潘足庐藏。

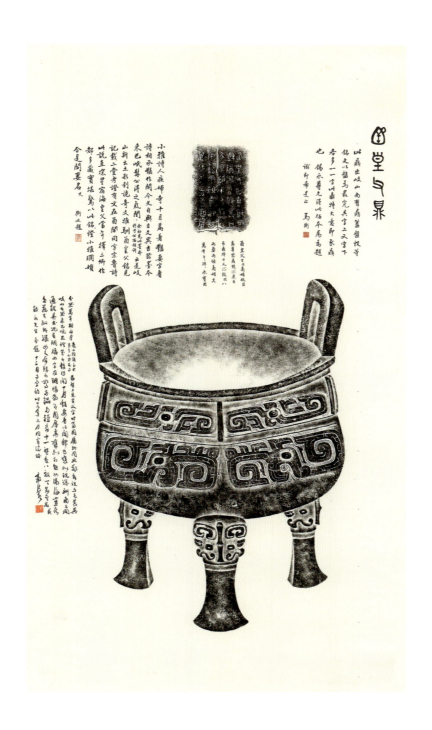

函皇父铜鼎全形拓片并马衡、郭沫若题记轴

近代

纵 141.7 厘米、横 80 厘米

深圳博物馆藏

商承祚家属捐赠

——

题跋：函皇父鼎，此鼎出岐山，尚有鼎、簋、盘、盨等。铭文以盘为最完具，字上又字下各多一一字。此鼎特大，意即冢鼎也。锡永尊兄得此拓本，属为题识，即希是正。　马衡。

《小雅》诗人疾妇寺，"十月"篇著艳妻字，鲁诗相承艳作阎，今文自与古文异。古器墨本来巴岷，髯公得之气阉阎（余初见此墨本于于公右任许）。云是岐山新出土，形制诡奇文雅驯。

函皇父铭见记载，二堂考证有文在。函阎同字宗鲁诗，此说直探星宿海。皇父当年择三卿，作都多藏实堪惊。以此铭证《小雅》，珊妘合是阎妻名（文）。　衡又题。

分器万年期永寺（郑公轻钟"至于万年分器是寺"），鼎盘又见皇父字。时当周厉抑周幽，郑玄说与毛苌异。岐山古器来巴岷，足证笺传较传闻。《十月》"艳妻"鲁作"阎"，释为褒姒说难训。函与阎通铭具囗，况有珊妘女字在。珊妘当为周厉妻，褒姒相悬如隔海。囗囗囗囗囗囗囗，媵女之奢殊可惊。两罍两壶鼎十一，盘盉八簋一一著其名（载）。锡永先生属题。十三用寺字韵，时廿九年元月同客渝城。　郭沫若。

钤印：马衡、无咎、郭沫若。

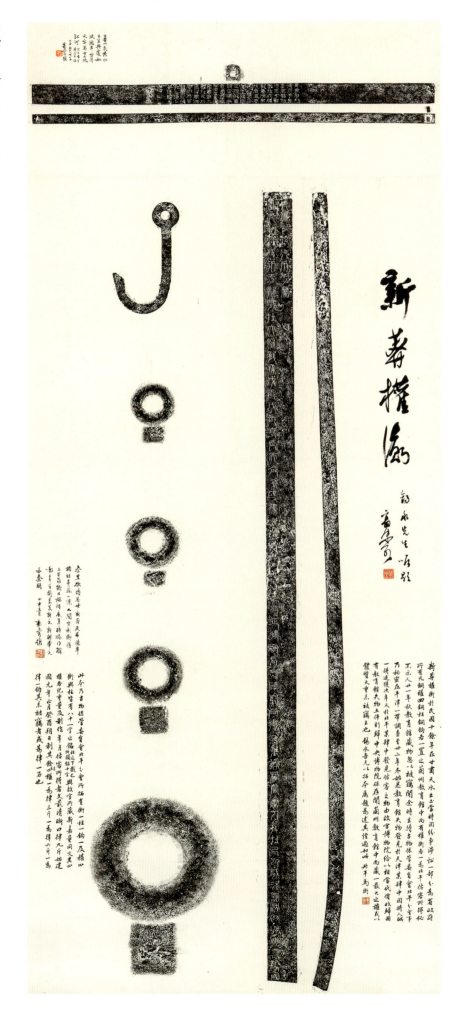

新莽权衡拓片并马衡、郭沫若题记轴

近代

纵 162.2 厘米、横 67 厘米

深圳博物馆藏

商承祚家属捐赠

题跋：新莽权衡，锡永先生嘱题。郭沫若。

自昔以民为水，王室兴覆如波。亿年空传文字，万古不改江河。铭末有享传亿年语。甲申五月廿一日，郭沫若题。

秦皇欲传万世，新莽更希亿年。均只昙花一现，人间空剩衡权。三百篇后又离骚，底年杨雄作解嘲，辜负剧秦美新意，新朝毕竟亦秦朝。甲申五月，郭沫若题。

新莽权衡于民国十余年在甘肃天水出土，当时因纷争涉讼，一部分为省政府所有，凡铜权四、铜柱、铜钩各一，置之兰州教育馆中。尚有权衡各一为北平估客所得，秘不示人。廿一年秋教育馆藏物忽以被窃闻。余时主持古物保管委员会北平分会事，乃秘密在平津一带调查。至廿二年冬始悉，教育馆失物发见于天津某肆中，因将人赃一并追获，次年又于北平某肆中发见估客之物，由故宫博物院给以相当代价收归国有。教育馆失物五件，则归中央博物院保存，闻兰州教育馆中尚藏一最大之权，或以体质太重未被窃去也。锡永吾兄以拓本属题，为述其经过如此。叔平马衡。

此本乃古物保管委员会北平分会所拓，有衡一、柱一、钩一、及权四，衡与柱皆有八十一字之铭。柱之下截已折，阙铭十字。与故宫所藏新嘉量同文，其四权各纪重量及制作年月。估客所得者文最清晰曰律九斤，始建国元年正月癸酉朔日制。其余三权，一为律三斤，一为律六斤，一为律一钧。其未被窃者或为律一石也。

钤印：鼎堂、郭沫若、马衡。

3. 金石绘画

清代中晚期在金石学影响下，崇尚金石古物的风气超出证经补史的考据学和书法书风领域，在绘画领域也催生了新的类型，如博古图与八破图。

博古图

清代金石文化的兴盛，出现了在古器物绘图或全形拓上加画花卉果蔬的绘图类型，这种将金石古器和传统文人清供图融为一体的新式博古图，既有金石同寿的寓意，又有文人画的雅致，别有趣味。

吴昌硕鼎盛立轴
1902 年
浙江省博物馆藏

汪吉麟补景拓片

1939 年

广东省立中山图书馆藏

容庚捐赠

王雪涛补景拓片

1943 年

广东省立中山图书馆藏

容庚捐赠

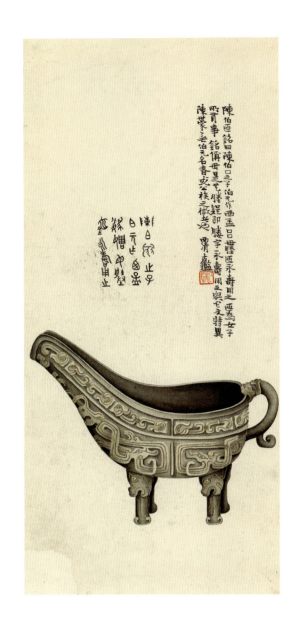

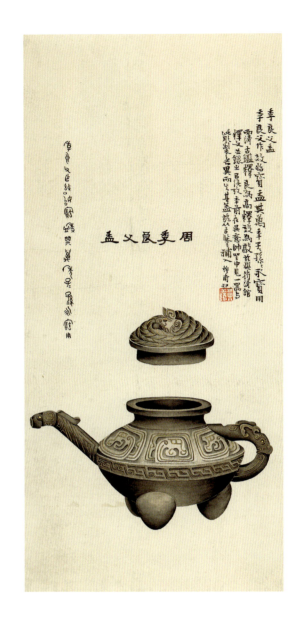

黄士陵绘陈伯匜全器图轴

清代

纵 65 厘米、横 29 厘米

深圳博物馆藏

商承祚家属捐赠

———

题跋：陈伯匜铭曰陈伯□之子，伯元作西孟□□
母𦦎匜永寿用之，匜为女子所有事，铭称
母是艺𦦎，疑即𦦎字，永寿用之，与它文
特异。陈世家无伯元名者，或公族之微者
也。西清古鉴。

钤印：江夏。

黄士陵绘周季良父盉全器图轴

清代

纵 65 厘米、横 29 厘米

深圳博物馆藏

商承祚家属捐赠

———

题跋：周季良父盉。季良父盉。季良父作□始宝盉，
其万年子子孙孙永宝用。《西清古鉴》释良
为高，释□为□，兹与筠清馆释文并录出，
以俟考。年前在吴窦帅坐中见一器，与此形
制无异，而生其盖，兹从《古鉴》补入。穆
甫记。

钤印：黄士陵。

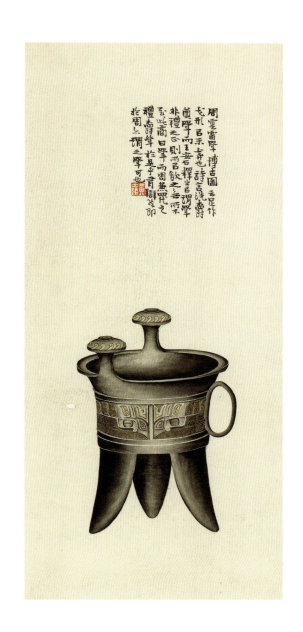

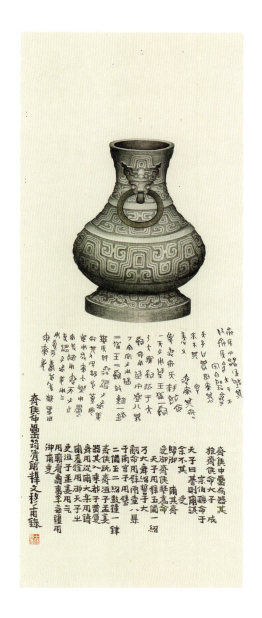

黄士陵绘周云雷纹全器图轴

清代

纵 26 厘米、横 188 厘米

深圳博物馆藏

商承祚家属捐赠

———

题记：周云雷斝，《博古图》云足作戈，形以示弇也。
《诗》言洗爵奠斝，而王安石释之以谓斝非
礼之正，则所以饮之无所不至，此商曰斝，
而周兼四代之礼，爵斝于是乎有辨，然即于
周亦谓之斝可也。

钤印：黄士陵。

黄士陵绘齐侯中罍全器图轴

清代

纵 108.7 厘米、横 40 厘米

深圳博物馆藏

商承祚家属捐赠

———

释文：齐候仲罍筠清馆释文，穆甫录。

钤印：士陵长年。

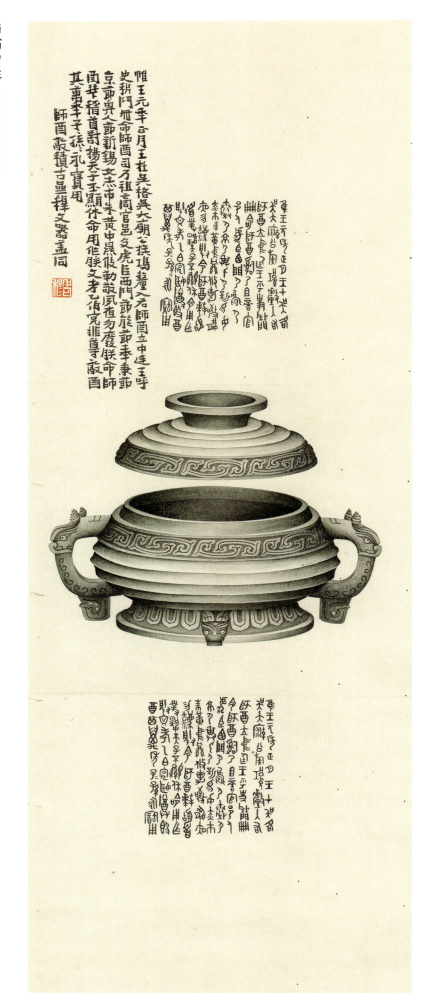

黄士陵绘师酉敦全器图轴

清代

纵 110 厘米、横 40 厘米

深圳博物馆藏

商承祚家属捐赠

———

释文：师酉敦积古斋释文，器盖同。

钤印：老穆。

八破图

八破图又名"锦灰堆"，通常采用具有三维视觉艺术特点的写实画法，描绘古代文人书房常见的物件。古旧字画、废旧拓片、青铜器拓片、古器物、废弃的古书、画稿及扇面信札等，都可入画。这些书房物件总体呈现了破碎和古旧不堪的特点，给人以古朴典雅、古色古香、耐人寻味之感，因而备受文人雅士青睐。

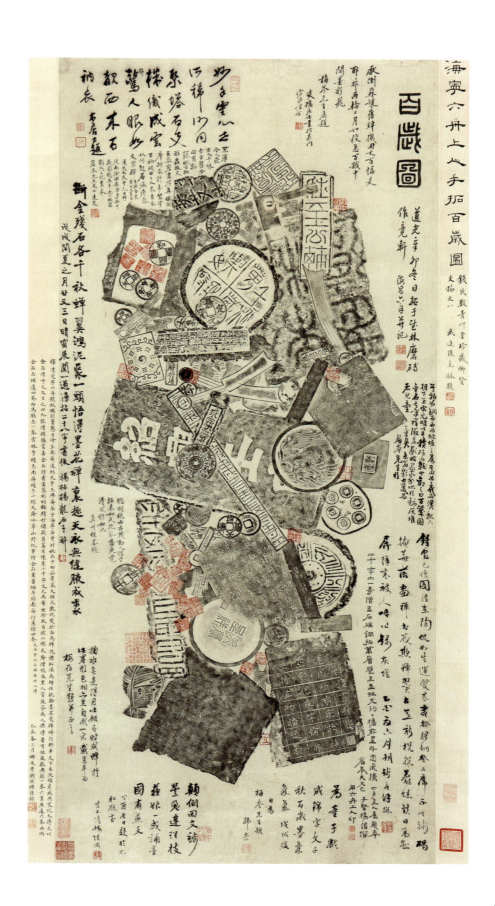

六舟上人百岁图

清中期

浙江省博物馆藏

刘凌衡辛亥荷夏画
1911 年
波士顿美术馆藏

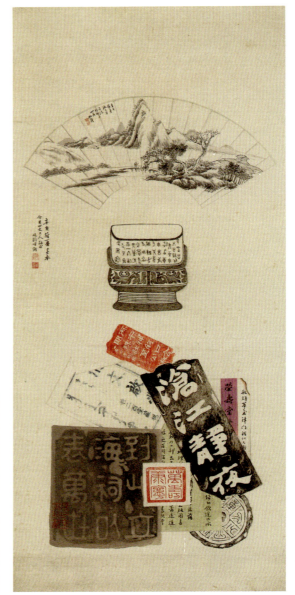

断简残篇图
1877 年以后
波士顿美术馆藏

二、罗振玉和北大国学门

　　晚清民国之际，中国虽推行了新式教育，但尚未建立现代学术研究机构。1921年底，北京大学创立研究所，计划分设自然科学、社会科学、国学和外国文学四门，所长由校长兼任，各门设主任一名。1922年1月，北京大学研究所国学门成立，主任沈兼士。这是中国最早建立并成功运作的现代人文学术研究机构。

北大国学门

国学门下设方言研究会、风俗调查会、考古学会、明清史料整理会、歌谣研究会，马衡任考古学会主席。国学门还外聘罗振玉、法国东方学家伯希和等为考古学通信导师，积极主动寻求与国外考古学界合作，影响深远。

罗振玉和马衡

　　1922年底，经罗振玉推荐，容庚被北京大学研究所国学门破格录取为研究生，导师为马衡。

罗振玉（1866～1940）

字式如、叔蕴、叔言，号雪堂，晚年别署贞松老人，江苏淮安人，古文字学者、中国金石学家。在甲骨文、敦煌写卷研究上作出了杰出的贡献，是"甲骨四堂"之一。

马衡（1881～1955）

字叔平，别署无咎、凡将斋主，浙江鄞县人。金石学家，篆刻家，曾任北京大学教授、辅仁大学教授、故宫博物院院长。马衡精于金石篆刻碑帖的研究，并注重文献研究与实地考察相结合，因对中国考古学由金石考证向田野发掘过渡有促进之功，被誉为中国近代考古学的前驱。

国学门组织表

《研究所国学门主要职员录》（据 1927 年印行《国学门概略》）

国立北京大学研究所

所长：蔡元培（蒋梦麟、余文灿先后代理）

国学门

主任：沈兼士

研究所国学门委员会

蔡元培　顾孟余　沈兼士　李大钊　马裕藻　朱希祖
胡　适　钱玄同　周作人　蒋梦麟　皮宗石　单不庵
马　衡　周树人　徐旭生　张凤举　刘　复　陈　垣
李宗侗　李四光　袁同礼　沈尹默

方言调查会

主席：刘　复（原为林语堂）

风俗调查会

主席：江绍原（原为张竞生）

考古学会

主　席：马　衡
常务干事：马　衡　沈兼士　陈　垣
　　　　　李宗侗　袁复礼

明清史料整理会

主席：陈　垣

歌谣研究会

主席：周作人

编辑室

研究室

登录室

导师

王国维（后退出）
陈　垣　柯劭忞　夏曾佑　陈寅恪
钢和泰（Baron Alexander von Stael Holstein,
俄人）
伊凤阁（AlekseiIvanovich Ivanov, 俄人）

通信员

罗振玉（后退出）
伯希和（Paul Pelliot，法人）
吴克德（Dr. K.Wulff, 丹麦人）
阿脑尔特（Therese P.Arnould，法人）
卫礼贤（Dr.R.Wilhclm，德人）
今西龙（日人）
泽村专太郎（日人）
田边尚雄（日人）

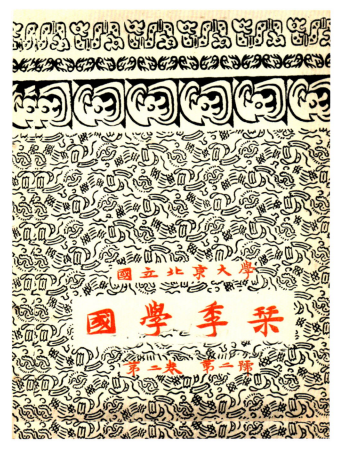

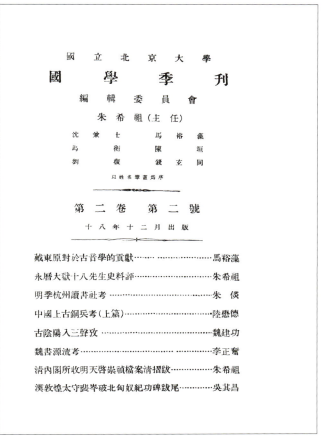

1923 年北京大学出版《国学季刊》，揭开了"整理国故"运动大幕，对中国现代学术产生深远影响。马衡曾任编委会委员。

1924 年 9 月，北京大学《国学季刊》编委会同人合影。左起：徐炳昶、沈兼士、马衡、胡适、顾颉刚、朱希祖、陈垣

罗振玉篆书八言联

近代

纵 170 厘米、横 36.9 厘米

广州艺术博物院藏

容庚捐赠

———

释文：高榭弓车千乘弗顾，游观文史大义克明。

西白仁兄大雅之属，贞松罗振玉。

钤印：罗振玉、永丰乡人。

罗振玉集殷墟贞卜遗文对轴

近代

纵 176.5 厘米、横 37.7 厘米

广州艺术博物院藏

容庚捐赠

———

释文：相如寿王西京文学，康成司农东鲁大师。

集殷墟贞卜遗文，己巳中秋，贞松罗振玉。

钤印：振玉印信、内廷翰林。

罗振玉节临番生簋金文

近代

纵 136.7 厘米、横 37.5 厘米

广州艺术博物院藏

容庚捐赠

——

释文：丕显皇祖考，穆穆克誓厥德，严在上，广启
厥孙子于勖于下大服，番生不敢弗帅型皇且
考丕丕元德，用申绍大命。己巳冬，贞松罗
振玉。

钤印：振玉印信、松翁居辽后作。

罗振玉篆书七言联

近代

纵 137.4 厘米、横 26.3 厘米

广州艺术博物院藏

容庚捐赠

释文：日在中林初入暮，风行水上自成文。

丙寅仲夏十日，贞松罗振玉。

钤印：罗振玉印、内廷翰林。

马衡为梅贻琦篆书寿联

马衡篆书 《石鼓文第二鼓汧殹篇》立轴，赠陈寅恪。

1946 年马衡篆书唐王之涣七言绝句《凉州词》

马衡篆刻

马衡印　　　　　马衡　　　　　延颈望酒

玄同　　　新会陈垣印　　　李济　　　　胡适

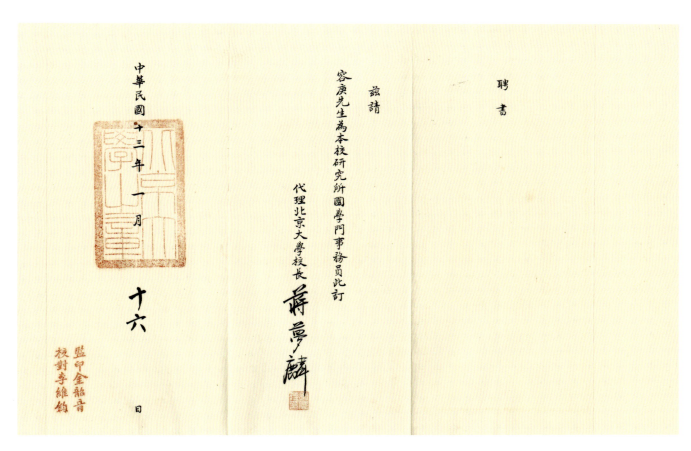

聘書

茲請

容庚先生為本校研究所國學門事務員此訂

代理北京大學校長 蔣夢麟

中華民國十三年一月 十六 日

監印金毓音
校對李維鈞

1924 年 1 月 16 日，容庚获聘为研究所国学门事务员。

民甫春光致敦煌者北大友好三七年一月　歡別時可為影

胡適之

張鳳舉

沈兼士　朱騮先

袁希閟　李玄伯

容庚

錢稻孫　陳援庵

徐旭生

林語堂

馬叔平

沈尹默

葉恭吾

乙酉三五年考之片

一九六八年八月記

1925 年 2 月 15 日容庚与国学门诸学者送别陈万里赴敦煌考察时合影

受聘国立广东大学和燕京大学

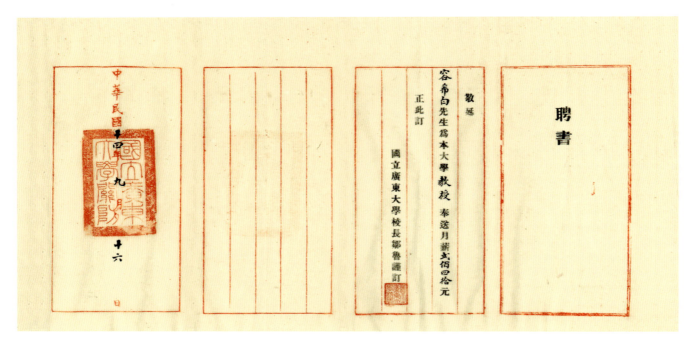

1925 年 9 月 16 日，容庚获聘为国立广东大学教授。

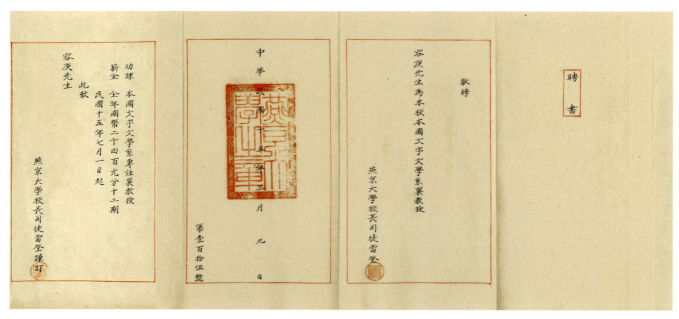

1926 年 3 月 9 日，容庚被燕京大学本国文字文学系聘为襄教授，年薪国币 2400 元。

受聘古物陈列所

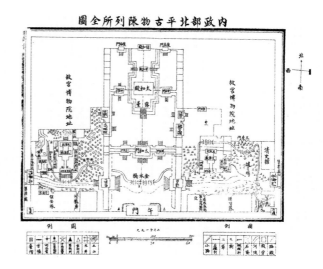

內政部北平古物陳列所全圖

1913 年北洋政府将沈阳故宫、承德行宫的清廷古物珍玩集中到北京故宫，筹办古物陈列所保存。1914 年 2 月 4 日古物陈列所成立，这是中国近代第一个以帝王宫苑和皇室收藏为主的历史艺术类专题博物馆，首开皇宫向社会开放的先例。

及調查古物表式通行各省區遵照調查保管於是舉國上下漸知注意嗣以實行保存須特設宏廠壯偉之機關以為徵集陳列之處所曾經擬有博古院章程咨呈國務院開列博古院經費由國務會議議決提交國會入新五年度預算在案復於九年議覆各國賠款狀實行交還時由部提議援照美國退還賠款前例多撥款項分給補助而圖發展等因亦在案是本古院籌備處並經聲明古物院創制宏大用欵緊多擬俟各國賠款狀實行發還而圖補助之際本部遺照憲法第二十四條第十三款之規定業經擬訂古蹟保存法草案並擬提交國會所有本部前就設立之博古院自應及時籌設以為施行法規實力提出閣議擬呈國會所有本部前就設立之博古院自應及時籌設以為施行法規實力尤非刻下財力所宜因陋就簡而另行近房屋寬窄亦擬將太和中和保和三殿及左右亭閣屋宇並英各殿及各種古物之用嚴密壯麗最為適宜擬將太和中和保和三殿及附近房屋寬窄籌備一切進行事宜逐次推行燕古院地址即就本部已有之陳列所附設議院籌備處並派專員籌設國立博古院緣由理合援案恭呈伏乞於保持文化陶淑羣倫盜良非淺鮮所有擬設國立博古院緣由理合援案恭呈伏乞鑒核明令訓示施行謹呈　大總統

（戊）附設鑑定委員會

民國十五年秋，周所長肇祥接任伊始，對於古物整理，不遺餘力。因鑒於東西各國博物院所有歷代古物，莫不經由富有學問經驗之考古家，精確審定，然後陳列。中國乃東方古，文藝之美，實冠全球，而本所為古物薈萃之區，數量既夥，品類自繁，若任其精麤混淆，必貽譏中外。故特呈內務部，在本所附設鑑定委員會，延聘當代鑑賞專家，分別審查，俾存真實。其會中組織，設委員長一人，由本所所長兼任。委員二十人，由委員分書畫、金石、陶瓷、雜品四組。由各委員分

　　　　一二

　　　　廿週年紀念專刊

委員長　周養菴　綜理會務
　　各委員分組及職員工作分配單。
　　茲將各委員分組及職員工作分配單列後。
委員　陳劍秋　綜理會務
李木齋　書畫
徐仲琳　金石雜品
福開森　陶瓷雜品
余戟門　書畫陶瓷
余森玉　陶瓷
徐協伯　書畫金石
陳仲恕　書畫雜品
陳亮伯　書畫雜品
王福庵　書畫陶瓷雜品
馬叔平　金石雜品
　　　　金石雜品

紀錄　李寅生　擔任鑑定紀錄
曾庶齡　全　前
事務員　吳文璟　辦理庶務
致　祁　　辨理文牘
書記福順　繕寫
書記順　　繕寫
棠　輿　　繕寫

容希白　　金石
邵伯絅　　書畫金石雜品
邵裴子　　金石書畫
梁鴻志　　金石書畫
郭世五　　陶瓷書畫
張伯英　　書畫雜品
蕭謙中　　書畫
陳淮生　　金石
顏韻伯　　書畫
前項鑑定會於十六年二月成立後，隨即擬訂鑑定細則，並照細則所規定，各委員分組擔任逐件鑑別。各職員則隨時紀錄，再根據紀錄編纂古物鑑定冊，手續頗繁，從事年餘，已

　　　　二十年經過紀略

　　　　一三

1926 年周肇祥接任古物陈列所所长后，在所内附设鉴定委员会，延请知名专家学者对所内古物、书画进行鉴定。

希伯先生道鑒久違

雅教積想為勞即日嚴寒敬維

興居清通歙頌無量承乏古物陳列所任事以來深

慨所存古物窳陋就置其不彰晨露高峯

即於本所設立鑑定委員會延請通人詳加鑑別素仰

先生於各種古物研究甚深茲特由部備函聘請為

鑑定員一俟會所籌備就緒開會有期再當函知

務祈

道祺

時賜莊臨實為至盼耑此敬頌

愚弟周肇祥拜啟

達啟者本部內屬之古物陳列所係藏各種古物均係國粹

現該所設立古物鑑別委員會業已期分別鑑定審查茲每風仰

先生學識淹通鑑別精審茲特函聘為古物鑑定委員會

委員敬祈卻日

蒞會協助進行無任欽遲此致

容先生京

內務部 啟 十二月六日

內務部用箋

容庚受邀担任古物陈列所鉴定委员会委员

受聘燕京大学

燕京大学是 20 世纪初由英、美若干教会联合在北京开办的私立综合大学，是当时中国教学质量和校园环境均首屈一指的大学之一，被认为是中国教会学校之首。1949 年后，燕京大学校舍由北京大学接收，成为北京大学的主校区。

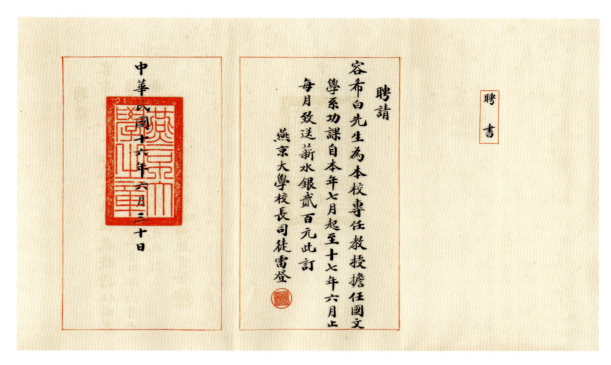

1927 年 6 月 30 日，容庚受聘燕京大学任教授，月薪 200 元。

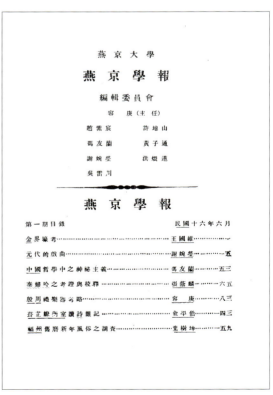

1927 年 6 月，《燕京学报》创刊，容庚任学报编辑委员会主任，委员有冯友兰、许地山、谢婉莹（冰心）等。

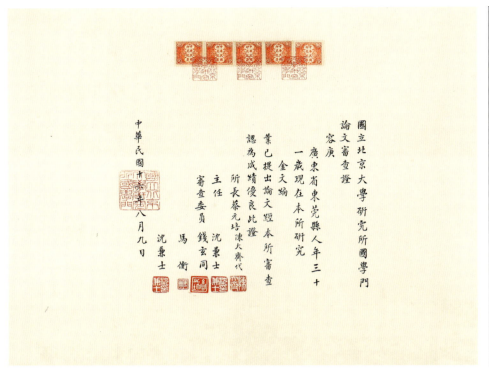

1927 年 8 月北京大学研究所国学门发给容庚的论文审查证

研究所國學門紀事

國學門自民國十一年開辦以來所進行之各種事業茲署述如下：

（甲）研究生 經國學門委員會審查合格之研究生三十二人。

其已報告成績者九人計成績十四種：

尹文子校釋
公孫龍子注
老子校注
黃河變遷考
金文編
殷墟甲骨文字類編
三百篇演論

羅庸
張煦
張煦
段頤
容庚
商承祚
蔣善國

七

研究所國學門概略

容庚《金文编》1927 年获得国学门委员会审查合格，准予研究生毕业。

容庚撰《金文编》

1924 年

稿本

广东省立中山图书馆藏

容庚捐赠

<hr>

封面有邓尔雅题名，共 5 册。为当代金文字汇，共收殷周金文 2420 字，附录存 1352 字。此书按《说文》体例，每字条下有容氏考释，并列同文异体。书后附采用彝器目录及书目，并有笔画检索。该作以著录宏富、摹写准确、考释精当而享誉学术界，最早为 1925 年贻安堂印行初版，其后续有增订。

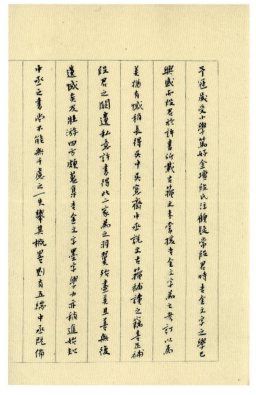

三、古物收藏

青少年时代的容庚，虽雅好金石古物，但限于财力，并不能广泛购买。1926 年受聘燕京大学后，薪资较为丰厚，这为他的收藏事业提供了保障。如他自述在北平期间，"常挟破书游福隆寺，走厂甸海王村，不意二十年后竟收藏如此之巨"。

受聘中研院史语所

中央研究院历史语言研究所（简称史语所）成立于 1928 年，由南京国民政府大学院院长蔡元培委聘傅斯年、顾颉刚、杨振声三人在广州筹备设立，首任所长傅斯年。该所先后设历史组、语言组、考古组、人类学四个组，集中了一批当时的著名学者，如陈寅恪、赵元任、李济、罗常培、李方桂、董作宾、梁思永、劳榦、周法高、严耕望、石璋如、芮逸夫、全汉昇等，取得殷墟考古挖掘、内阁大库档案整理研究、全国各省方言调查等重大学术成果，是中国具有国际影响力的学术重镇。

1928 年 9 月，容庚受聘担任史语所特约研究员。

1929 年秋，容庚与史语所同人在北平静心斋所址合影。前排：陈寅恪（左二）、吴亚农（右二）、陈钝（立）。中排：李济（左一）、朱希祖（左二）、傅斯年（左三）、赵元任（右三）、罗常培（立）、丁山（立）。后排：容庚（左二）、徐中舒（左三）。

获赠刘体智全形拓拓片

刘体智（1897～1962）

字晦之，安徽庐江人，晚号"善斋"。他博古好学，收集甲骨、青铜器、古钱币和善本古籍，兼及瓷器、书画、古玺印和碑拓、字帖等，曾收藏钟鼎数千，被称为"民国以来收藏青铜器最多的人"。1931年8月，容庚与徐中舒、商承祚至上海，拍摄刘体智所藏彝器四百余件，容庚获赠全形拓三百余纸，自谓"不啻贫儿暴富矣"。

受聘故宫博物院和伦敦艺展

1911年辛亥革命后清帝退位，根据民国政府对清皇室的优待条件，逊帝溥仪仍居紫禁城后部的"内廷"。1924年冯玉祥发动"北京政变"，将溥仪逐出宫禁，同时成立"办理清室善后委员会"，负责清理清室公、私财产及处理一切善后事宜。1925年9月29日，"办理清室善后委员会"制订并通过《故宫博物院临时组织大纲》，同年10月10日，故宫博物院宣布成立。

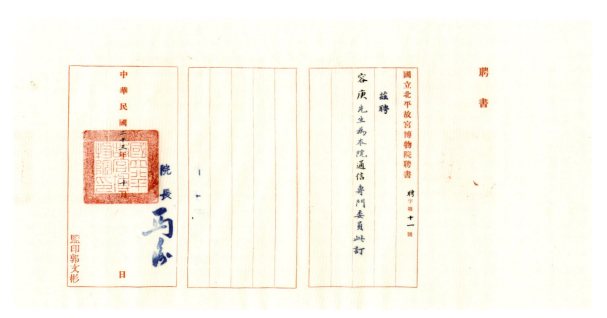

1934 年 10 月，容庚被聘为故宫博物院通信专门委员。

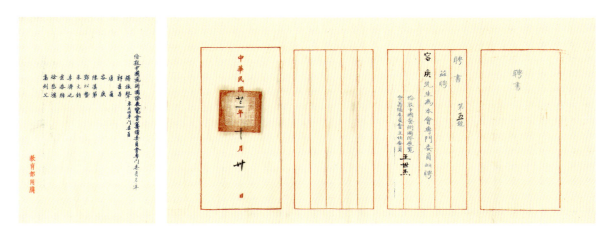

1934 年 10 月，容庚受聘任伦敦中国艺术国际展览会筹备委员会专门委员。

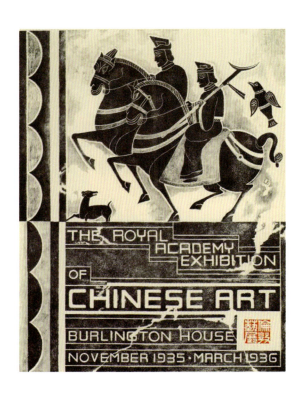

1935 年 11 月，为祝贺英国国王乔治五世登基 25 周年，在伦敦举办了一场中国艺术国际展览会。中国方面由外交、教育和内政部组成"伦敦中国艺术国际展览会筹备委员会"，参展单位包括故宫博物院、古物陈列所、河南省立博物馆、安徽省立图书馆等。该展因展品数量多、类型丰富、展览规格高引起很大轰动，是中国博物馆首次在海外大规模联合展览。中国"石器时代及 4000 年来文物，得以宣示于西土，有史以来，未之前有，诚盛举也"。

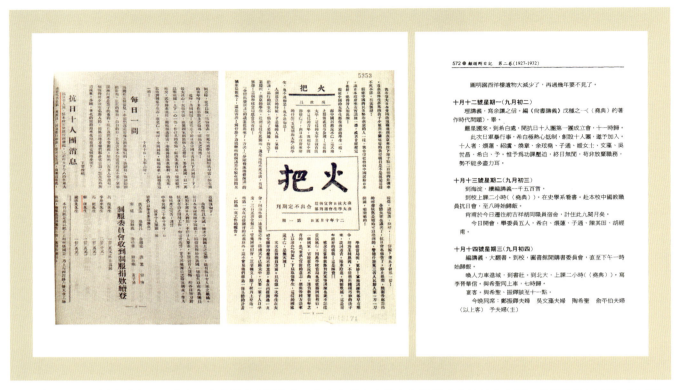

1931 年 9 月，日军发动九一八事变，武装侵略中国东北。容庚在燕京大学率先发起成立抗日十人团，并捐助抗日刊物《火把》。图为《顾颉刚日记》的记录。

张桂光抄录《火把》杂志刊登的《抗日十人团消息》。

日本侵占东北之后，又企图继续吞并华北，把华北建成第二个伪"满洲国"。面对侵略者的步步紧逼，1935 北平学生掀起"一二·九"爱国运动，推动形成了全国抗日救亡运动的新高潮。

1936 年 9 月，燕京大学中国教职员会成立，容庚当选理事，组织抗日宣传签名活动，得到积极响应。这是 1936 年 10 月 17 日《申报》报道。

1936 年容庚在《燕大周刊》（第 7 卷第 12 期）发表《亡国鉴》，指出需戳破"共存共荣"的欺骗，以历史为鉴，要求当局改革内政。

二八

中日有提攜之必要和可能嗎

容庚

二九　中日問題　張德一

1937 年 1 月，《东方杂志》（第 34 卷第 1 号）发表容庚《中日有提携之必要和可能吗？》。

陈簠斋钟全形拓片

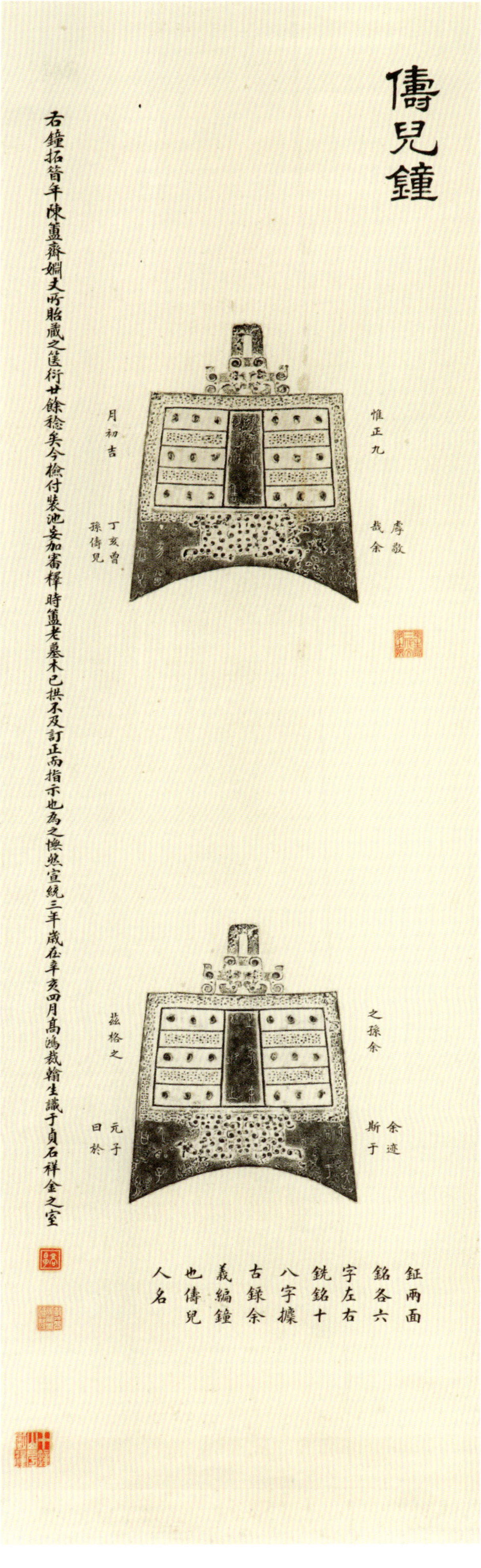

俦儿钟

近代

纵 133 厘米、横 39 厘米

广东省立中山图书馆藏

容庚捐赠

或称仆儿钟、楚余义钟，陈介祺旧藏，今藏上海博物馆。此钟全形拓片，乃陈介祺赠予高鸿裁者，高氏于宣统三年（1911）四月将其加以装帧，并加释文与题识。钤“平生有三代文字之好”“十钟山房藏钟”“高伯子”“故才高者菀其鸿裁”。后归容庚。

㲄钟

近代

纵 133 厘米、横 39 厘米

广东省立中山图书馆藏

容庚捐赠

———

或称厘伯钟，陈介祺旧藏，民国间流入日本，后为日人住友春翠所购，今藏日本京都泉屋博古馆。此钟全形拓片，有高鸿裁释文。钤"收秦燔所不及""予性颛而耆古"。后归容庚。

己侯钟

近代

纵 133 厘米、横 39 厘米

广东省立中山图书馆藏

容庚捐赠

———

己（纪）侯钟，乾隆间山东寿光出土，李廓、刘凤诰、刘喜海、陈介祺递藏，今藏日本京都泉屋博古馆。此钟全形拓片，有高鸿裁对六字铭文的释文、题识。钤"文字之福""古雪书庄"。后归容庚。

眛钟

近代

纵 133 厘米、横 39 厘米

广东省立中山图书馆藏

容庚捐赠

———

眛钟，或称者编钟、者钟，陈介祺旧藏，今藏日本京都泉屋博古馆。此钟全形拓片，有高鸿裁题识及对十四字铭文的释文。钤"簠斋藏古""高翰生审定金石文字"。后归容庚。

周齐侯罍全形拓片

近代

纵 131 厘米、横 45 厘米

广东省立中山图书馆藏

容庚捐赠

———

周齐侯罍又称"洹子孟姜壶",乃金石学界吉
金大器,原有一对,形制纹饰全同,铭文互有
错脱,一为 143 字,一为 135 字;初为阮元、
曹载奎分别收藏,今二器分藏中国国家博物馆
与上海博物馆。此拓片为中国国家博物馆藏之
全形拓及铭文拓片。因铭文在壶内,仅能剪条
而拓,字共 19 行。钤"曾赏天赉到椿庭"。
容庚曾于 1932 年 7 月 28 日在北平隶古斋购
得"周齐侯罍全形拓"两张。

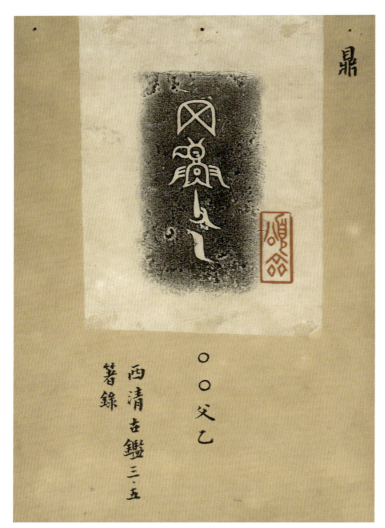

鼎

〇〇父乙

西清古鑑三·五
箸錄

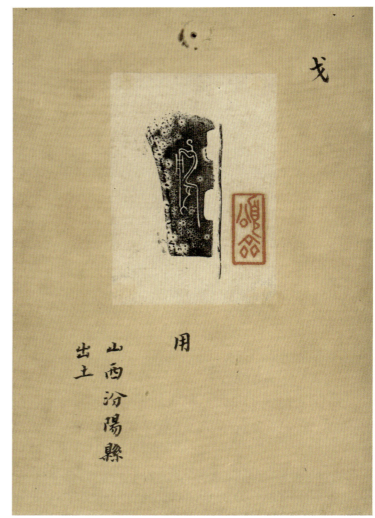

戈

用

山西汾陽縣
出土

父乙鼎铭文拓片

纵 20.5 厘米、横 13.5 厘米

广东省立中山图书馆藏

容庚捐赠

———

释文："冉鸡父乙"。

拓片为鼎腹内铭文。

用戈拓片

纵 20.5 厘米、横 13.5 厘米

广东省立中山图书馆藏

容庚捐赠

———

释文："用"。

拓片为戈的胡部铭文"用"字，鸟书。

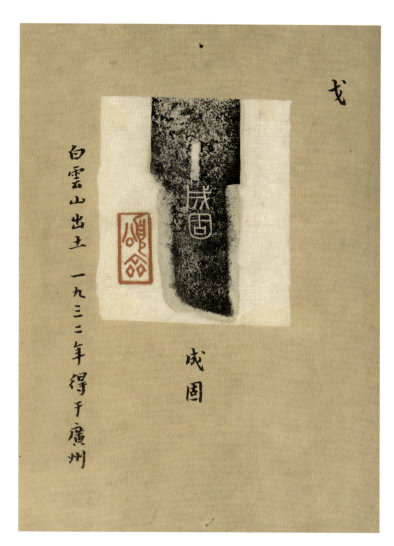

戈

白雲山出土 一九三二年得于廣州

成固

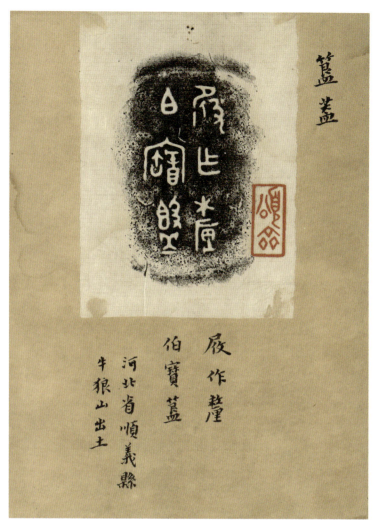

簋盖

屍作饕
伯寶簋
河北省順義縣
牛狼山出土

成固戈拓片

纵 20.5 厘米、横 13.5 厘米

广东省立中山图书馆藏

容庚捐赠

———

释文："成固"。

拓片为戈的内部铭文"成固"二字。

容庚得此器于广州府学东街古玩肆。

簋盖拓片

纵 20.5 厘米、横 13.5 厘米

广东省立中山图书馆藏

容庚捐赠

———

释文："屍作饕伯宝簋"。

拓片为青铜簋盖内铭文二行六字。

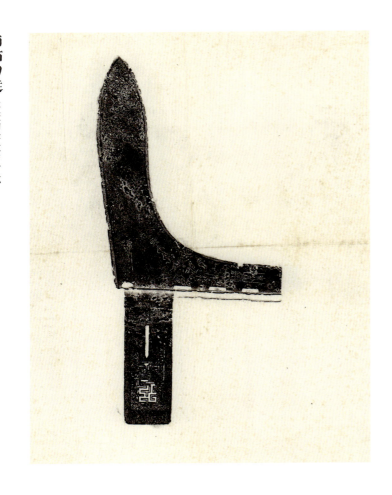

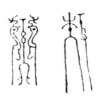

玄镠戈全形拓片

纵 26 厘米、横 34.8 厘米

广东省立中山图书馆藏

容庚捐赠

———

释文："玄镠夫铝之用"。

玄镠戈为春秋晚期兵器，戈身有鸟书铭文六字。

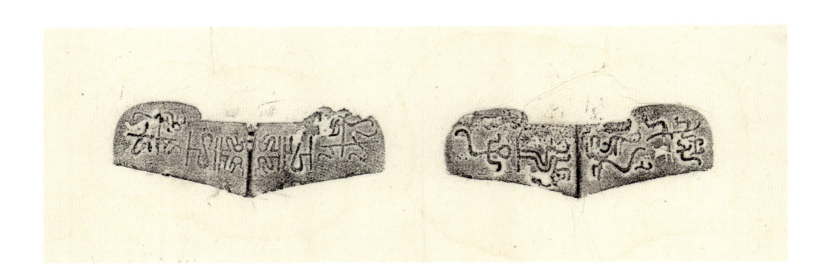

越王剑剑格铭文拓片

纵 7.5 厘米、横 15.5 厘米

广东省立中山图书馆藏

容庚捐赠

———

释文："越王王越，勾践之子"。

铭文位于剑格正反两面。

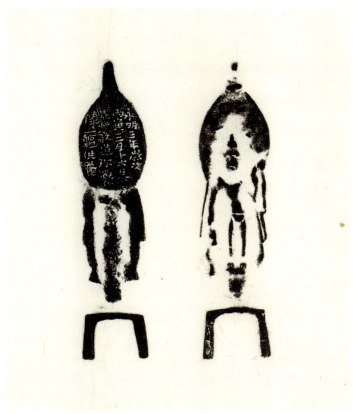

佛像拓片

纵 17 厘米、横 17.3 厘米；纵 23 厘米、横 23.3 厘米

广东省立中山图书馆

容庚捐赠

———

容庚藏佛像拓片，其一见"大魏皇兴三年，定州
中山郡□□为亡父母、亡兄造弥勒像一区"字样；
其二见"永明三年岁次丙寅三月十六日，公孙和
敬造弥勒佛像一躯供养"字样。

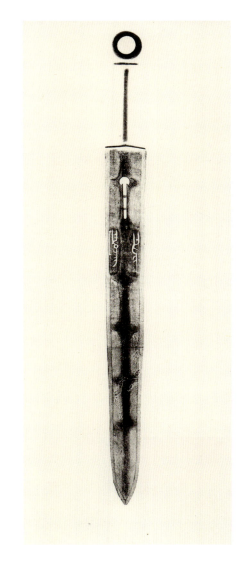

剑全形拓片

纵 33.2 厘米、横 117 厘米

———

广东省立中山图书馆藏

容庚捐赠

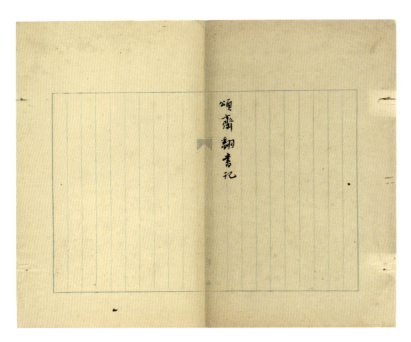

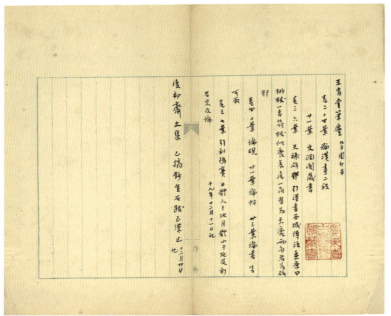

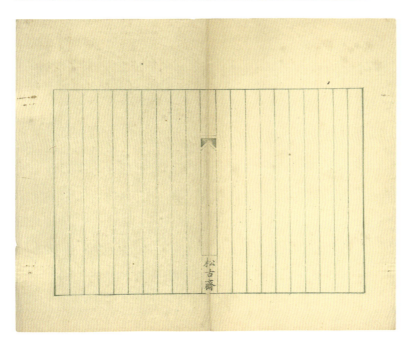

容庚撰《颂斋翻书记》

纵 26 厘米、横 15.6 厘米

1930 年　稿本

广东省立中山图书馆藏

容庚捐赠

———

为容庚翻阅《王肯堂笔尘》《复初斋文集》
二书后作的读书记录。

民國廿五年頌齋購書記
一月份

容庚撰《颂斋购书记》

纵 29.7 厘米、横 22 厘米

近代　稿本

广东省立中山图书馆藏

容庚捐赠

———

是稿按月份记录了容庚 1936 年至 1940 年所购
之书。目录详列书名、著者、版本、册数及购
入价格，部分条目附有购买之地。

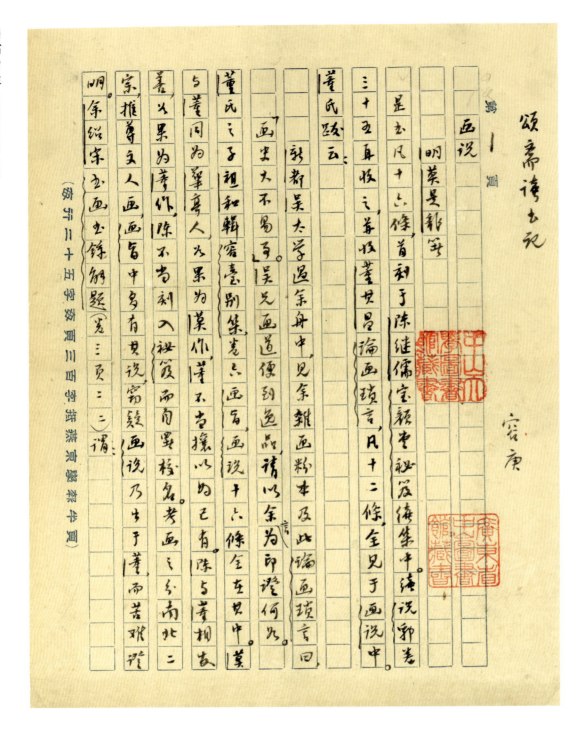

容庚撰《颂斋读书记》

纵 28.7 厘米、横 21.6 厘米

1941 年　稿本

广东省立中山图书馆藏

容庚捐赠

正文评述古今画论著作，如明莫是龙《画说》、清龚
贤《画法册》、近人于安澜辑《画论丛刊》等六种，
完成于 1941 年 5 月，后发表于《文学年报》1941 年
第 7 期。

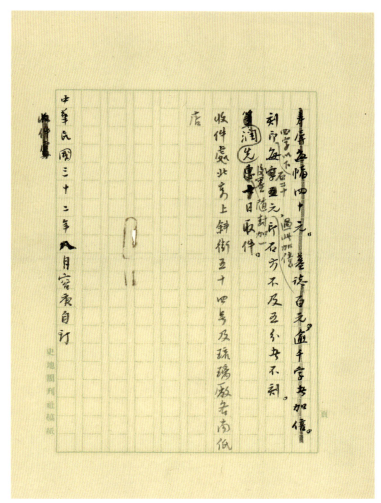

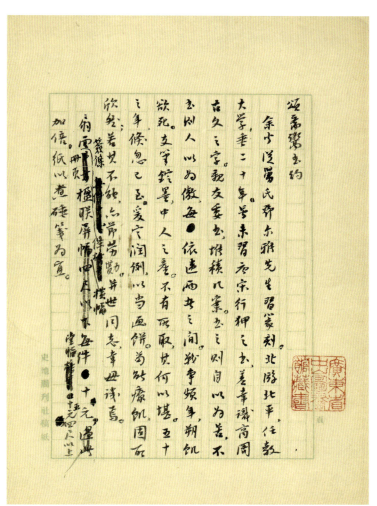

容庚撰《颂斋鬻书约》

纵 27.3 厘米、横 19.8 厘米

1943 年　稿本

广东省立中山图书馆藏

容庚捐赠

——

1937 年北平沦陷至 1943 年，容庚经济生活日趋窘迫，不得已以卖书法及篆刻补贴家用。容庚在此约中回顾了他的书学经历，对扇面、签条、楹联、横幅、刻印等均标明润格。

兽面纹爵

商代中期

通高 20.5 厘米、由尾至流 17 厘米

广州博物馆藏

容庚捐赠

———

青铜爵属于礼器中的酒器。形状通常为前有流，即倾酒的流槽，
后有尖锐状尾，中为杯，一侧有鋬，下有三足，流与杯口之际
有双柱。青铜爵最早出现于二里头文化时期，它是最先出现的
青铜礼器之一；在商代，爵是青铜礼器中最重要的核心器物之一；
西周时逐渐消失。青铜爵的主要功能是在祭祀等礼仪活动中用
来温酒、斟酒，用它来直接饮酒的可能性很小。

亚疑爵

商代晚期

通高 22.6 厘米、由尾至流 19.5 厘米

广州博物馆藏

容庚捐赠

———

爵外壁鋬内为族氏铭文""，可释读为"亚疑"。
"亚疑"族是商代晚期的大族，现存带"亚疑"
铭的铜器有百余件之多，其中出土地点明确的
皆出于殷墟安阳。

子系爵

商代晚期

通高 19.5 厘米、由尾至流 16 厘米

广州博物馆藏

容庚捐赠

————

爵外壁鋬内铭文为"子系"，商代甲骨金文中
记录了大量的子某，如子渔、子卫、子蝠等，
通常认为是商王之子。

戉鼎

商代晚期

通高 19.5 厘米、口径 16 厘米、腹径 15.5 厘米

广州博物馆藏

容庚捐赠

———

鼎内有一族氏铭文，形为以钺斩首，极为生动形象。

弦纹铙

商代晚期

高 13 厘米、柄长 5 厘米、口径长 9.8 厘米、宽 7.2 厘米

广州博物馆藏

容庚捐赠

——

青铜铙属于礼器中的乐器，流行于商代晚期。口部呈凹弧形，两侧角尖锐，底部短柄中空，可装配木柄，使用时口朝上，属敲击乐器。青铜铙分南北两大类，南方铙多器型硕大，广泛分布于长江中下游地区；而北方铙器型较小，集中出土于殷墟，一般 3 件一套，形制纹饰相同、大小相次。

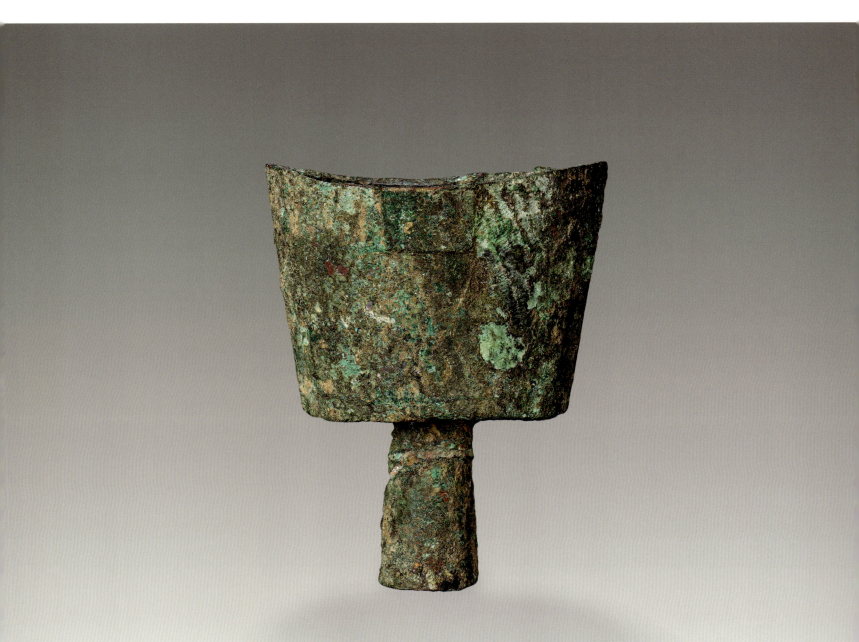

兽面纹铙

商代晚期

高 16.5 厘米、柄长 6.5、口径长 12 厘米、宽 9.5 厘米

广州博物馆藏

容庚捐赠

编铙（1组3件）

商代晚期

高 20.5 厘米、柄长 6.5 厘米、口径长 16 厘米、宽 12 厘米；

高 17.5 厘米、柄长 5.5 厘米、口径长 14 厘米、宽 16.5 厘米；

高 15.5 厘米、柄长 5 厘米、口径长 11 厘米、宽 9 厘米；

广州博物馆藏

容庚捐赠

这套青铜铙一组3件，铭文、形制、纹饰相同，大小依次递减。上有两种族氏铭文，

其中铙正反两面都有"**仚**"，"**乔**"则位于铙腔体内部。

兽面纹编铙（1组3件）

商代晚期

高 18.8 厘米、柄长 6.8 厘米、口径长 14.3 厘米、宽 9.5 厘米；

高 16 厘米、柄长 5.5 厘米、口径长 12.3 厘米、宽 8.2 厘米；

高 13.5 厘米、柄长 4.3 厘米、口径长 10.5 厘米、宽 7.5 厘米；

广州博物馆藏

容庚捐赠

斝戈

商代晚期

通长 21.7 厘米、援长 15.8 厘米

广州博物馆藏

容庚捐赠

———

戈是古代中国特有的一种兵器，它有横刃前锋，垂直装柄，其内刃用于钩割，外刃可以推杵，而其前锋又可以啄击对方。青铜戈起源自玉戈，从二里头时期一直沿用到秦汉。戈是象形字，甲骨文和金文中的"戈"字就是一个装好木柄的青铜戈，而"伐"字则通过一人持戈的形象，生动地反映了当时征伐的战争方式。

这件戈的内部两面铸相同族氏铭文"𝌆"。

婴戈

商代晚期

通长 21.5 厘米、援长 15.8 厘米

广州博物馆藏

容庚捐赠

————

这件戈的内部两面铸相同族氏标志。

铭文：""。

车勺

商代晚期

勺深 5.5 厘米、口径 7.5 厘米、柄长 6 厘米

广州博物馆藏

容庚捐赠

———

勺柄铸有一铭文："车"。

父丁爵

西周早期

通高 22.5 厘米、由尾至流 18.5 厘米

广州博物馆藏

容庚捐赠

———

爵柱一侧铭文为"父丁"，爵外壁鋬内为族氏
铭文"豕"。此青铜爵是为所祭祀"父丁"作之器。
1931 年 2 月 1 日容庚购于北平大古山房，价
150 元。

父癸爵

西周早期

通高 20.8 厘米、由尾至流 16.5 厘米

广州博物馆藏

容庚捐赠

———

爵外壁鋬内有铭文，上为族氏铭文 "▢▢册"，
下为受祭者日名 "父癸"。

日癸觚

西周早期

高 22.5 厘米、口径 12.5 厘米、底径 7 厘米

广州博物馆藏

容庚捐赠

——

青铜觚属于礼器中的酒器。大意为：趞为祭祀日癸做了这件珍贵的礼器，日癸可能是他的父辈或者祖辈，铭文结尾是族氏铭文""。

释文：
趞作日癸
宝尊彝

齐史疑觯

西周早期

高 11 厘米、腹长径 8.5 厘米、短径 7 厘米

广州博物馆藏

容庚捐赠

——

青铜觯属于礼器中的酒器。这件觯内底铸有两行八字铭文："齐史疑作祖辛宝彝"，大意为齐国的史官叫疑的人为祭祀自己的祖父辛做了这件宝贵的礼器。

释文：

齐史疑作

祖辛宝彝。

作母旅彝尊

西周早期

高 15 厘米、腹径 16 厘米

广州博物馆藏

容庚捐赠

———

青铜尊属于礼器中的酒器。这件尊内底铸有一行四字铭文："作母旅彝"，大意为某个贵族为其母亲制作的礼器。

释文：
作母旅彝。

息伯卣

西周早期

通高 25 厘米、腹长径 19.5 厘米、短径 15 厘米

广州博物馆藏

容庚捐赠

———

青铜卣属于礼器中的酒器。这件卣器盖缺失，器内底铸有铭文三行十七字铭文：唯王八月，息伯锡贝于姜，用作父乙宝尊彝。意思是在周王某一年八月，息伯得到王姜赏赐的贝（商代的货币），为自己的父亲乙做了这件礼器。息是商周时期的古国，其国君称之为息伯；姜是王姜的省称，通常被认为是周昭王的王后。

1937 年 12 月 12 日，容庚向于省吾用斗父己觯交换而来，《容庚北平日记》载"以斗父己觯易其息伯卣、员鼎"。

释文：

唯王八月，息伯锡贝于姜，用作父乙宝尊彝。

父乙鼎

西周早期

通耳高 23 厘米、口径 18.5 厘米、腹径 18 厘米

广州博物馆藏

容庚捐赠

——

鼎内铸有铭文："析，父乙"。"析"为族氏铭文，
"父乙"是受祭者的日名。

1938 年 3 月 15 日容庚购于北平古光阁萧寿田
处，价 200 元。

释文：

析，父乙。

叔鼎

西周早期

通高 20 厘米、口径 17.5 厘米、腹径 18 厘米

广州博物馆藏

容庚捐赠

———

叔鼎内壁铸有四字铭文：叔作尊鼎。"叔"

是作器者之名。

父丁簋

西周早期

高 15.3 厘米、口径 19 厘米、腹径 18 厘米、圈足径 14.5 厘米

广州博物馆藏

容庚捐赠

簋内底有铭文，上为族氏铭文"亚束"，下为受祭者日名"父丁"。
1937 年 11 月容庚与于省吾交换而来，《容庚北平日记》载于
省吾"以父丁彝、父戊盘、父觯及一小鼎易余九爵去"。

作母尊彝簋

西周早期

高 12.5 厘米、口径 18 厘米、腹径 18 厘米

广州博物馆藏

容庚捐赠

——

青铜簋属于礼器中食器，用来盛放米饭类食物。
这件簋颈部、足部各饰一周兽面纹，器身两侧
双兽首耳。器内底铸四字铭文："作母尊彝"。
簋的铭文省略了作器者的名字，仅记录了是为
母亲做的礼器。

释文：

作母
尊彝
。

任氏簋

西周早期

高 13 厘米、口径 19 厘米、腹径 17.5 厘米

广州博物馆藏

容庚捐赠

———

簋腹内底铸五字铭文："作任氏从簋"。

释文：作任氏从簋。

立鼎

西周中期

通高 21 厘米、口径 17 厘米、腹径 19.5 厘米

广州博物馆藏

容庚捐赠

———

立鼎内壁铸有五字铭文："立作宝尊彝"。"立"
是作器者之名。

释文：
立作宝尊彝。

易鼎

西周中期

通高 23.2 厘米、口径 21 厘米、腹径 22.7 厘米

广州博物馆藏

容庚捐赠

易鼎外壁装饰有两两相对的长尾凤鸟纹，内壁铸有铭文五行二十五字："唯十月，使于曾，密伯于成周，休赐小臣金，弗敢丧，易用作宝旅鼎"。铭文大意为，小臣易十月出使曾地后，在成周得到密伯的赏赐，制作了这件鼎。"弗敢丧"意思是不敢懈怠。"易"的职务是小臣，所以这件鼎又被称作"小臣鼎"。

释文：
唯十月，使于
曾，密伯于成
周，休赐小臣
金，弗敢丧，易
金，用作宝旅
鼎。

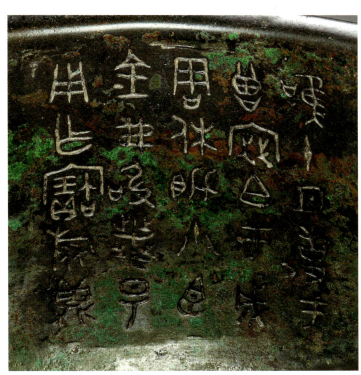

剌鼎

西周中期

通高 19 厘米、口径 17.3 厘米

广州博物馆藏

容庚捐赠

———

剌鼎外壁装饰有两两相对的回首凤鸟纹，内壁铸铭文六行四十八字："唯五月王在衣，辰在丁卯，王禘，用牡于大室，禘昭王，剌御，王赐剌贝卅朋，天子万年，剌对扬王休，用作黄公尊鼎彝，其孙孙子子永宝用"。铭文大意为，某年五月，剌陪同穆王在衣这个地方，祭祀昭王，事后穆王赏赐剌贝三十朋，剌感激天子赏赐，做宝鼎追念先祖黄公，希望后世子孙永远宝藏。

1938 年 8 月 21 日容庚购于古光阁萧寿田处，店家索价 600 元，还价 350 元，9 月 23 日以 500 元成交。

释文：
唯五月王在衣，辰在丁卯，王禘，用牡于大室，禘昭王，剌御，王赐剌贝卅朋，天子万年，剌对扬王休，用作黄公尊鼎彝，其孙孙子子永宝用。

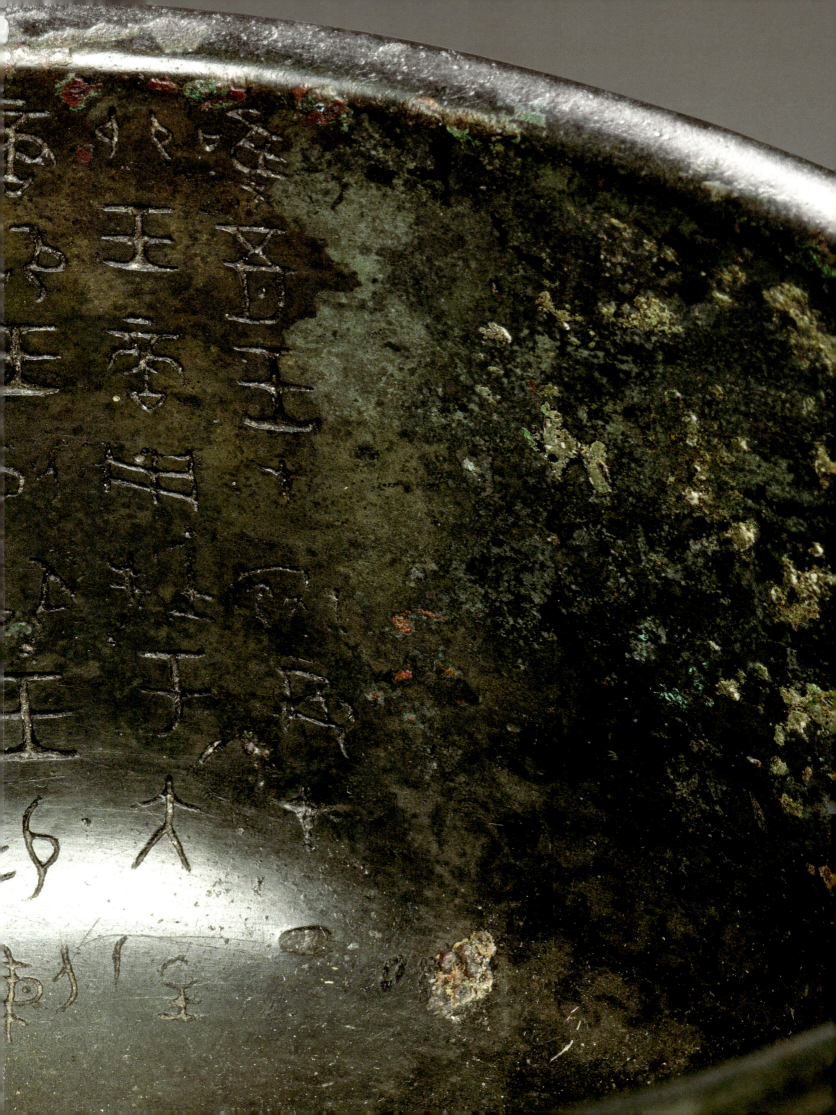

作父癸簋

西周中期

高 11.5 厘米、口径 16 厘米、腹径 16 厘米

广州博物馆藏

容庚捐赠

———

这件簋颈部饰一周长尾凤鸟纹纹，器身两侧双兽首耳。腹内底铸四字铭文："作父癸，先"。这是一件西周时期殷遗民所作的礼器，铭文保留了殷人常用的日名"父癸"，以及族氏铭文"先"。

释文：作父癸，先。

嬴霝德簋盖

西周中期

高 7.5 厘米

广州博物馆藏

容庚捐赠

———

这件簋器身缺失，仅剩器盖。盖面饰凤鸟纹一周。

盖内铸六字铭文："嬴霝德作🔲簋"。器主人嬴霝德是出自嬴姓，私名霝德的女子。

释文：
嬴霝德
作🔲簋。

仲姬鬲

西周中期

高 9.5 厘米、腹径 14 厘米

广州博物馆藏

容庚捐赠

———

仲姬鬲腹饰斜线纹，口内缘铸有四字铭文："仲姬作鬲"。
青铜鬲属于礼器中的食器，鬲的主人"仲姬"，是一名来
自姬姓的女性贵族，仲意为排行第二。

释文：
仲姬作鬲。

邿祁鬲

西周晚期

通高 18.6 厘米、口径 19.4 厘米、腹径 19 厘米

广州博物馆藏

容庚捐赠

邿祁鬲腹饰波曲纹，口内缘铸有十一字铭文："邿祁作尊鬲，其万年永宝用"。鬲的主人"邿祁"，是嫁到邿氏的祁姓女子。有能力做青铜礼器的女子都有较高的社会地位，通常都是王侯贵族的妻子。

容庚 1937 年 9 月购于北平雅文斋，时价 150 元。

释文：

邿祁作尊鬲，其万年永宝用。

释文：唯王正月，仲
枏父作馈
簋，其万年
子子孙孙永宝用。

仲枏父簋

西周晚期

高 24.3 厘米、口径 19.3 厘米

广州博物馆藏

容庚捐赠

————

仲枏父簋器身两侧双兽首耳，器腹与盖的上部饰瓦纹，盖口沿、
器身饰一圈双层重环纹，足饰一圈重环纹，器型规整，铸造精良。
器、盖对铭，各铸有十八字（又重文二）："唯王正月，仲枏
父作馈簋，其万年子子孙孙永宝用"。

季宫父簠

西周晚期

高 10.5 厘米、口径长 30.5 厘米、宽 24 厘米

广州博物馆藏

容庚捐赠

青铜簠属礼器中的食器，功能与簋相似，器和盖形制相同呈长方形，上下可以扣合。这件簠仅存一半，口沿下饰窃纹纹，四壁饰双头夔龙纹。内底铸铭文二十字（又重文二）："季宫父作仲姊嬺姬滕簠，其万年子子孙孙永宝用"。这件簠是季宫父为自己的二姐嬺姬出嫁所作的陪嫁礼器。

1944 年 7 月 10 日容庚购于北平，价 1400 元。

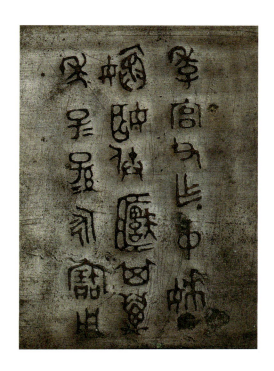

释文：
季宫父作仲姊
媵姬縢簠，其万
年子子孙孙永宝用。

铸叔簠

春秋早期

高 8.5 厘米、口径长 27 厘米、宽 23.5 厘米

广州博物馆藏

容庚捐赠

———

铸叔簠器盖及器内铸有相同十五字铭文："铸
叔作嬴氏宝簠，其万年眉寿永宝用"。系铸叔
为其夫人嬴氏所作。

器盖铭文

释文：
铸叔作嬴
氏宝簠，其
万年眉寿
永宝用。

器身铭文

蟠螭纹鼎

春秋晚期

通高 22.5 厘米、口径 21 厘米、腹径 24 厘米

广州博物馆藏

容庚捐赠

蟠螭纹钮钟

春秋晚期

通高 15.7 厘米、通宽 9.7 厘米

广州博物馆藏

容庚捐赠

———

青铜钟是周代的打击乐器，推测从铙演化而来。有甬钟、钮钟两种
类型。钟在使用时以大小相次成组悬挂，称为编钟。钮钟流行是在
春秋早期以后，悬挂时会配有钟钩或销钉将钟固定在钟架的横梁上。
钟体凿刻二十五字铭文："唯正月吉日丁亥，曾口壬女（母）择吉金，
自作禾童，枼枼亡疆"。

栾书缶铭文拓片

近代

纵 23 厘米、横 17.5 厘米

广东省立中山图书馆藏

容庚捐赠

———

释文：正月季春元日己丑。

钤印：容庚。

拓片为顶盖铭文。

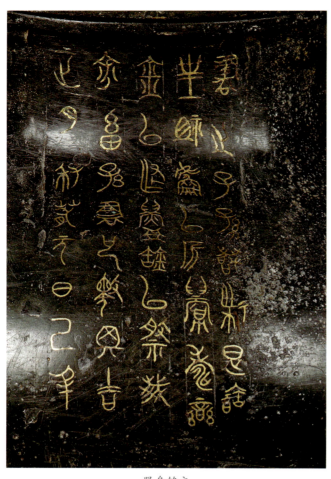

器身铭文

器盖铭文

栾书缶

春秋晚期

高 40.5 厘米、口径 16.5 厘米、足径 17 厘米

中国国家博物馆藏

容庚捐赠

———

器形近壶，器身光素无纹。器、盖皆有铭文。

盖铭为铸款，双行八字。

盖铭："正月季春元日己丑"。

器铭在腹外，铸后错金，四行四十字。

器铭："正月季春，元日己丑。余畜孙书也，择其吉金以作铸缶，以祭我皇祖，虘以祈眉寿，栾书之子孙万世是宝"。

栾书缶传出于河南辉县，1942 年容庚先生以一万五千元从北平古董商倪玉书处购得，自言"在余可谓豪举，然此缶错金，字四十，古今所未有，一旦得之，亦足傲一切矣"。 1956 年容庚将栾书缶捐赠广州市博物馆，1959 年调拨至中国国家博物馆。

容庚先生的《殷周青铜器通论》一书把该器定名为栾书缶，认为铭文中的栾书即文献记载的晋国栾武子。由于对铭文释读的不同认识，又有学者认为作器者应为栾书之孙栾盈，该器为其流亡楚国时所作，时代可推定为鲁襄公二十二年（前 551 年）春正月初一。该器朴素大方，匀称精美，错金铭文兼具极高的历史价值与科技、艺术价值，堪称珍品。

蟠虺纹甗

战国早期

通高 21.5 厘米、口径 23 厘米、腹径 24 厘米

广州博物馆藏

容庚捐赠

———

这件青铜甗是分体式青铜甗的上半部分，下半部分已经
缺失。器外壁饰细密的蟠虺纹，这是一种单元式重复出
现的纹饰，每个单元都是一组蟠屈缠绕的小蛇（虺）的
形象。

鸟纹镞

战国早期

长 8 厘米、宽 2 厘米

广州博物馆藏

容庚捐赠

———

镞是安装在箭杆前端的锋刃部分，用弓弦弹射。青铜镞主要流行于夏商周三代，其形制随着时代的发展而有所变化。主要可分为双翼、三翼和三棱三种形制。这件镞为双翼两刃，镞身两面饰有相背的凤鸟纹。

1935 年 5 月 19 日容庚购于琉璃厂，价 5 元，称赞其"矢镞之如此精美者，盖未之见也"。

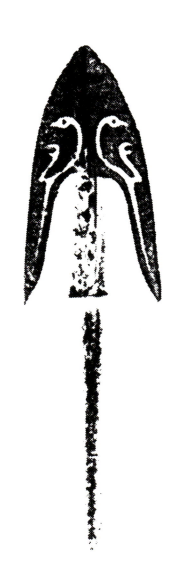

越王剑

战国早期

通长 54.7 厘米、茎长 9 厘米、腊宽 4.7 厘米

广州博物馆藏

容庚捐赠

———

剑格正反面共铸有鸟虫书体铭文八字，正面："戉（越）王／戉（越）王"；反面："戉（越）王／戉（越）王"。

鸟虫书，亦称"鸟虫篆"，属于金文里的一种特殊美术字体，是春秋中后期至战国时代盛行于吴、越、楚、蔡、徐等南方诸国的一种特殊文字。鸟虫书将字体结构中，部分笔画用鸟首或虫首装饰，这柄越王剑上的"戉（越）王"就是用鸟首装饰，属于鸟书一类。

容庚购于 1937 年左右。

释文：

正面：戉（越）王／戉（越）王

反面：戉（越）王／戉（越）王

花纹鼎

战国时期

通高 15 厘米、口径 13 厘米、腹径 16 厘米

广州博物馆藏

容庚捐赠

弦纹鼎

西汉时期

通高 24 厘米、口径 17.5 厘米、

腹径 22.5 厘米

广州博物馆藏

容庚捐赠

戈

战国时期

援长 17 厘米、胡长 8 厘米、内长 11 厘米

广州博物馆藏

容庚捐赠

市北勺

西汉时期

口径长 9 厘米、宽 7 厘米、柄长 23 厘米

广州博物馆藏

容庚捐赠

───

日用器物，椭圆形，柄细长，柄端有孔可穿系。勺背铭文："市北"。勺内部也有相同二字铭文，容庚考证曰"乃试刻而未成者"。

方形铲

西汉时期

口径 13 厘米、柄长 5.5 厘米、身长 15 厘米

广州博物馆藏

容庚捐赠

———

青铜工具，柄背部圆孔，可以用作固定。

1938 年 3 月 5 日容庚购于琉璃厂，价 20 元。

乙集三　乙集四　乙集五　乙集六　乙集七　乙集八

李伊　薛官桃　乙集七　　　　　　　我景逸

刘齐渠　邓念慈　姚名远　张兰陰　邓乐又　陶翔光　鲍泽

　　　　许甚苗　沈宗眼　述　磷　徐初恋　陶鹏

第三单元
学术交游

　　傅斯年认为现代学术特点之一是"集众"，即不再由个人做孤立的研究，需结合图书馆、学会和各团体提供的各类材料，在一个研究环境中"大家互相补其所不能，互相引会，互相订正"。1920年代中国兴起的大学、研究所、学会和学术期刊正是中国现代学术研究机制日渐成熟的标志，它们集中于北平，也将北平打造成当时中国的学术研究中心。容庚任职的燕京大学、北京大学、清华大学、古物陈列所、《燕京学报》等多家机构，既为他的研究提供了广阔平台，也使他很快融入当时中国的一流学者群体。

一、志于道

　　清代乾嘉以来，学者常以信札、笔记的方式交流观点，形成了较为专业的学术评论模式。除大学、学会、专业刊物等现代学术交流方式外，容庚亦采用传统信札方式与其他学者交流深层次看法。和他交往的学者群体，基本代表了当时中国人文社科领域的最高水平。

耆老名宿

黄宾虹（1865～1955）

字朴存，号宾虹，别署予向。原籍安徽歙县，近现代书法家、国画家，山水画一代宗师，著有《虹庐画谈》《古画微》《画学编》《金石书画编》等。

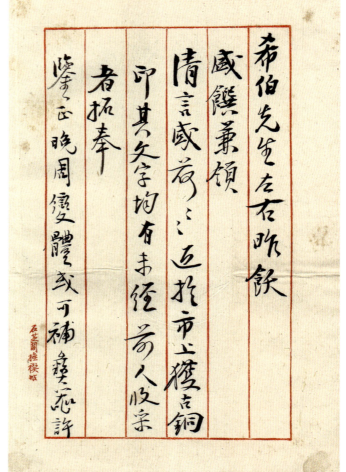

广东省立中山图书馆供图

王国维（1877～1927）

字静安，号观堂，浙江海宁人。清华国学研究院四大导师之一，中国新学术的开拓者，甲骨研究四堂之一。在文学、美学、哲学、历史考古、古文字等领域贡献卓著。陈寅恪称其学术成就"几若无涯岸之可望、辙迹之可寻"，著有《殷周制度论》《流沙坠简》《古史新证》《红楼梦评论》《宋元戏曲考》等。

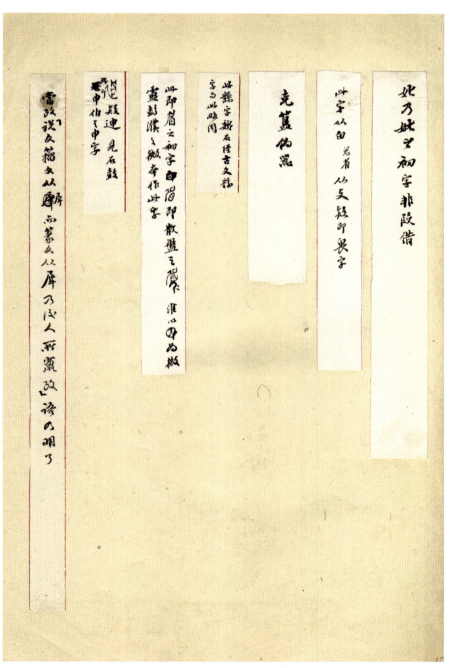

广东省立中山图书馆供图

马衡（1881～1955）

马衡致力于篆刻和金石学研究，著有《中国金石学概要》《凡将斋金石丛稿》等。

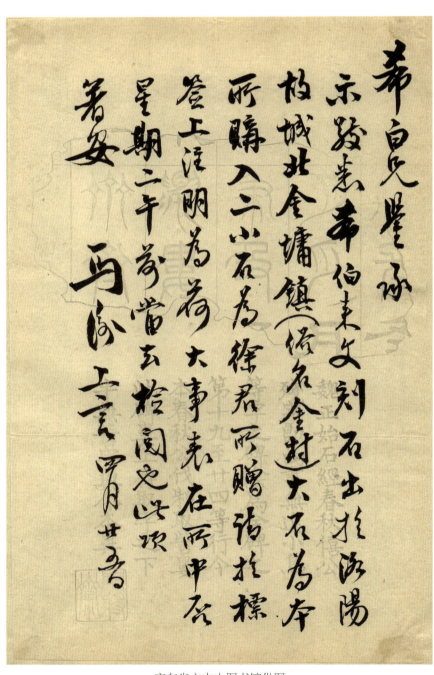

广东省立中山图书馆供图

陈垣（1880～1971）

字援庵，广东新会人，历史学家，历任辅仁大学、北京师范大学校长，燕京大学"哈佛—燕京学社"首任社长。他在宗教史、校勘学等方面成就斐然，与钱穆、吕思勉、陈寅恪并称为"现代四大史学家"，著有《史讳举例》《通鉴胡注表微》《元典章校补释例》等。

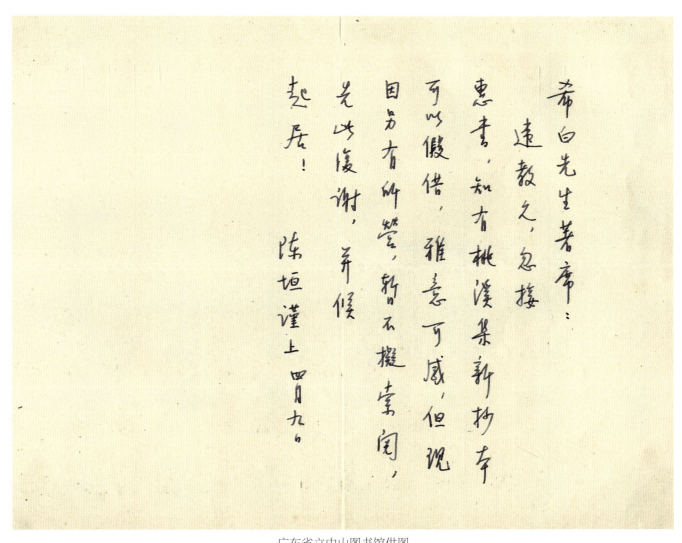

广东省立中山图书馆供图

朱希祖（1879～1944）

字逷先，浙江海盐人，历史学家。历任北京大学、清华大学、辅仁大学、中山大学及
中央大学等校教授，著有《中国史学通论》《六朝陵墓调查报告》《汲冢书考》等。

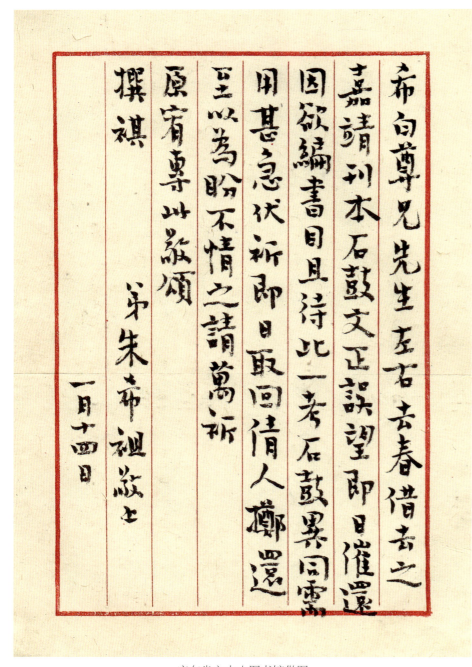

广东省立中山图书馆供图

马裕藻（1878～1945）

字幼渔，浙江鄞州人，音韵学家、文字学家，1920 年起任北大国文系主任长达十四年，著有《经史学目录》《声韵概要》等。

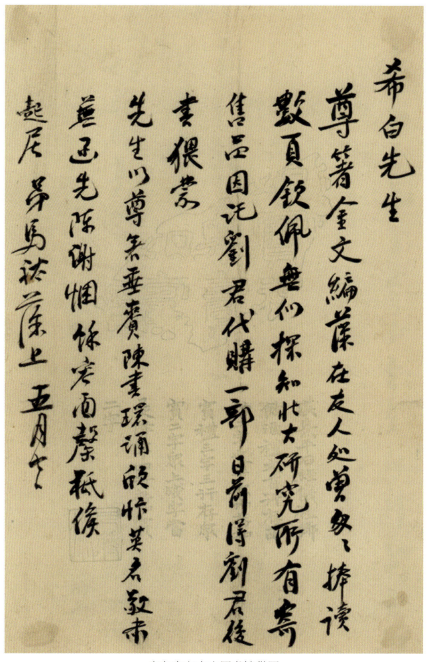

广东省立中山图书馆供图

沈兼士（1887～1947）

名坚，字兼士，以字行，原籍浙江湖州，中国语言文字学家、文献档案学家，著有《文字形义学》《广韵声系》《段砚斋杂文》等。

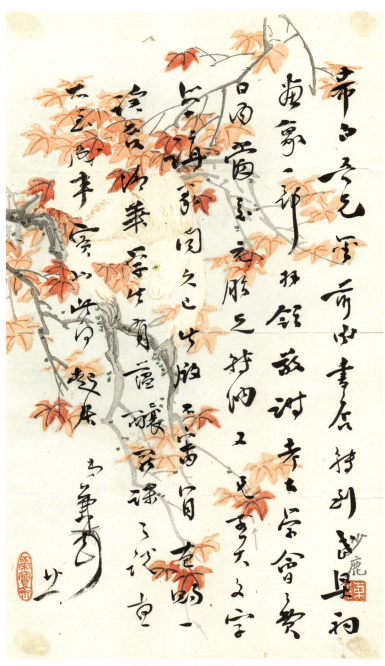

广东省立中山图书馆供图

周作人（1885～1967）

又名启明、启孟、起孟，笔名遐寿、仲密、岂明，号知堂、药堂等，浙江绍兴人，中国现代散文家、文学理论家、翻译家、中国民俗学开拓人。历任北京大学、燕京大学教授等，著有《欧洲文学史》《知堂文集》等。

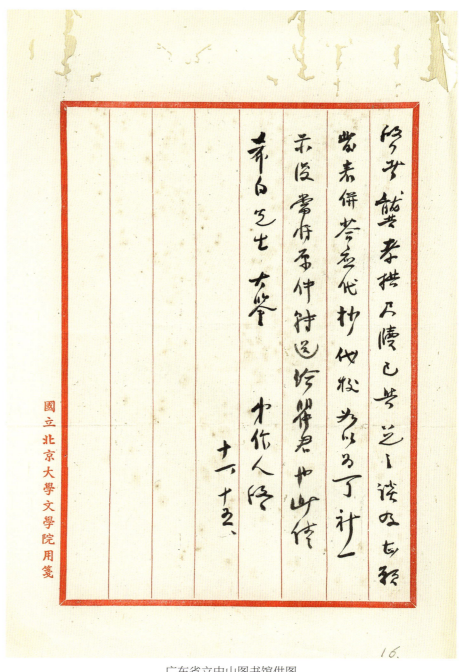

广东省立中山图书馆供图

钱玄同（1887～1939）

原名钱夏，字德潜，又号疑古、逸谷，浙江湖州人，现代思想家、古文字学家、新文化运动的倡导者，曾任北京大学、北京师范大学教授，提倡文字改革，著有《文字学音篇》《重论经今古文学问题》《古韵二十八部音读之假定》《古音无邪纽证》等。

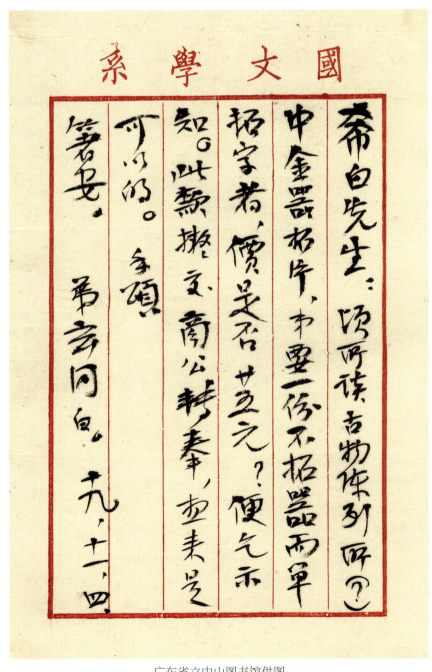

刘复（1891～1934）

原名寿彭，后名复，初字半侬，后改半农，江苏江阴人，新文化运动先驱，文学家、语言学家和教育家，任北京大学国文系教授，著有《扬鞭集》《瓦釜集》《半农杂文》等。

广东省立中山图书馆供图

伦明（1875～1944）

字哲如，一作哲儒。广东东莞人，近代藏书家、学者。曾任北京师范大学、燕京大学、辅仁大学、民国学院等校教授，著有《辛亥以来藏书纪事诗》《续书楼读书记》《续书楼藏书记》《续修四库全书提要稿》等。

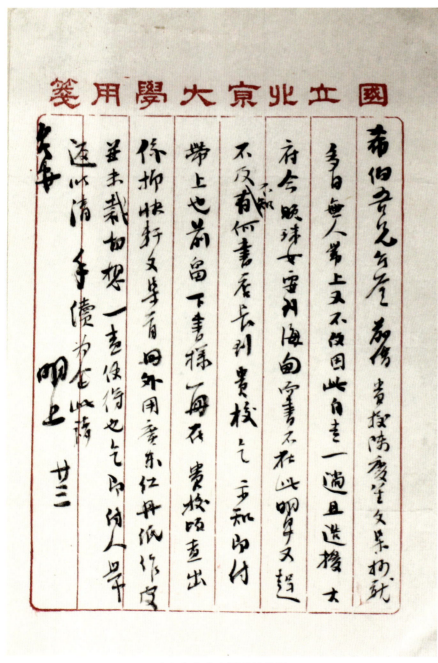

广东省立中山图书馆供图

周肇祥 (1880～1954)

字嵩灵，号养庵，又号无畏，别号退翁，室名宝瓠楼。浙江绍兴人，清末举人，书画家，曾任古物陈列所所长。工诗文，精鉴藏，通文史，著有《东游日记》《补正宋四家墨刻簿》《山游访碑目》《辽金元官印考》等。

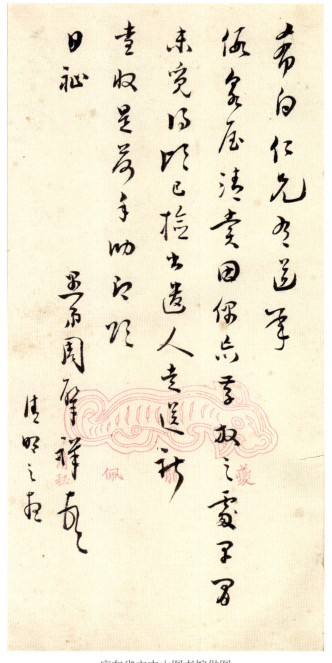

广东省立中山图书馆供图

徐森玉（1881～1971）

名鸿宝，字森玉，以字行，浙江吴兴人，曾任清史馆纂修、北京大学图书馆馆长、故宫博物院古物馆馆长，金石学家、文物鉴定家、图书馆事业家、藏书家。

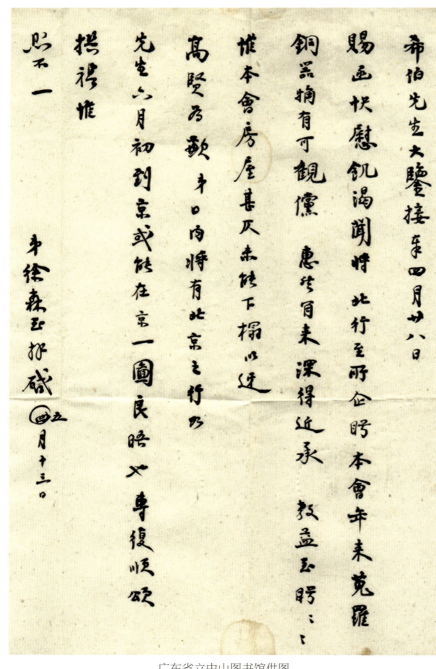

广东省立中山图书馆供图

关百益（1882～1956）

原名探谦，字益斋，河南开封人。曾任河南省博物馆（今河南省博物院）馆长和河南省通志馆编纂等职。金石学家、文史学者，河南博物馆事业开拓者，著有《郑冢古器图考》《新郑古器图录》《殷墟文字存真》等。

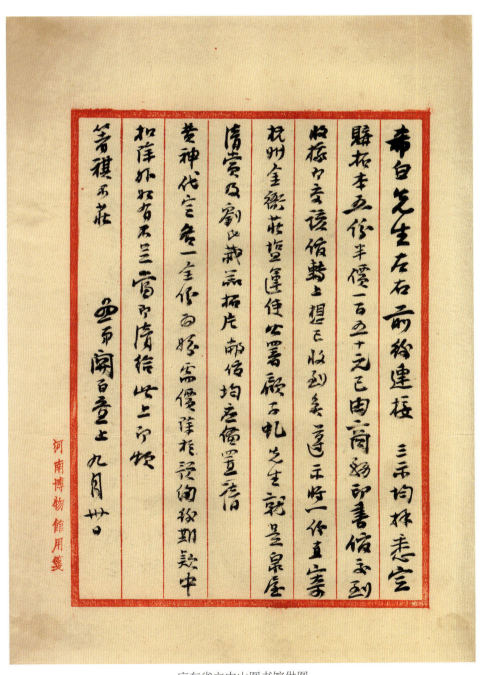

广东省立中山图书馆供图

金梁（1878～1962）

字息侯，满族正白旗人。世为浙江杭州八旗驻防，故亦作杭县人，清末翰林，学者。

工书画篆刻，编有《光宣小记》《近世人物志》《满洲老档秘录》等。

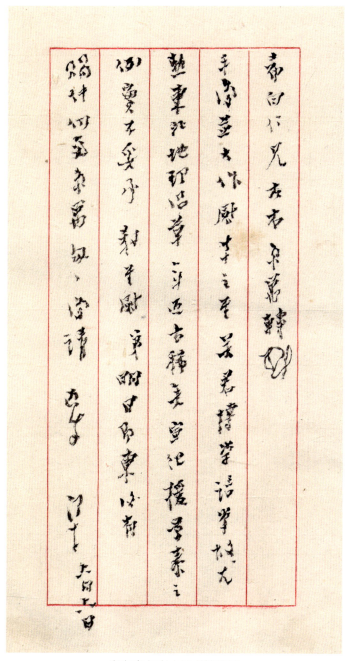

广东省立中山图书馆供图

时彦群英

陈寅恪（1890～1969）

字鹤寿，江西修水人，历史学家，清华国学院四大导师之一（其余三人为梁启超、王国维、赵元任），著有《隋唐制度渊源略论稿》《唐代政治史述论稿》《柳如是别传》等。严耕望将其与钱穆、陈垣、吕思勉并称为"现代四大史学家"。

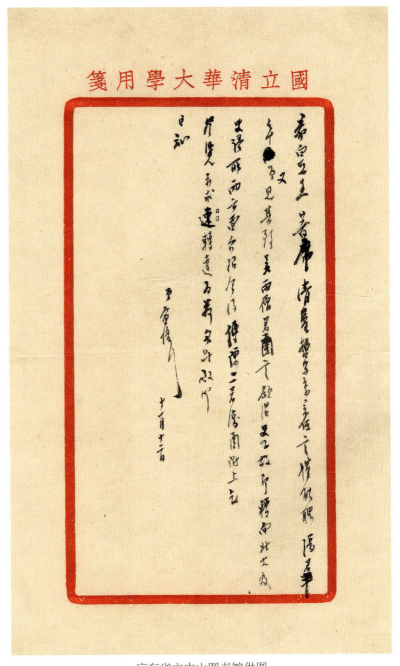

广东省立中山图书馆供图

傅斯年（1896～1950）

字孟真，山东聊城人，历史学家、学术领导人、曾任中研院史语所所长、北京大学代理校长等。他在《历史语言研究所工作之旨趣》中提出"上穷碧落下黄泉，动手动脚找东西"的原则对中国现代史学影响深远，著有《东北史纲》《史学方法导论》等。

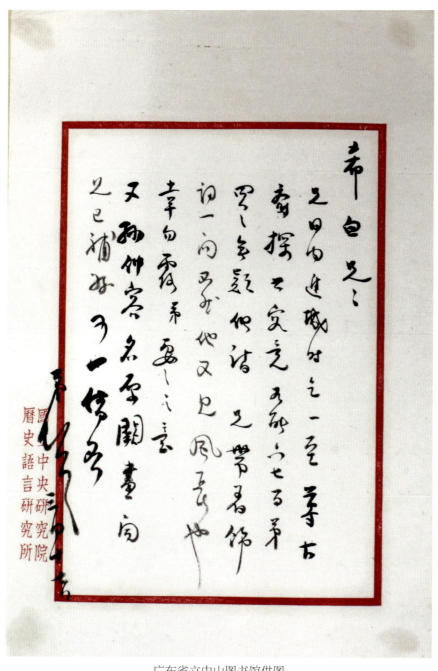

广东省立中山图书馆供图

钱穆（1895～1990）

字宾四，江苏无锡人，历史学家，教育家，香港新亚书院及新亚中学创校人，著有《国史大纲》《中国历代政治得失》《中国近三百年学术史》等。

广东省立中山图书馆供图

顾颉刚（1893～1980）

字铭坚，号颉刚，江苏苏州人。历史学家、民俗学家，古史辨学派创始人，中国现代历史地理学和民俗学的开拓者，著有《古史辨》《汉代学术史略》《中国疆域沿革史》《秦汉的方士与儒生》等。

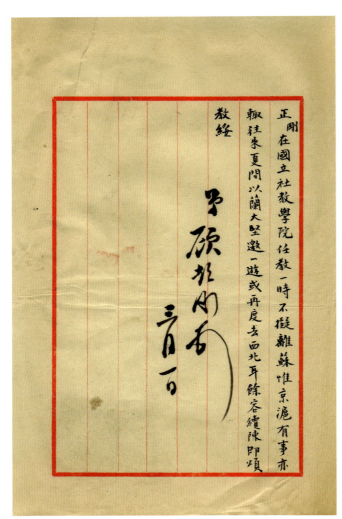
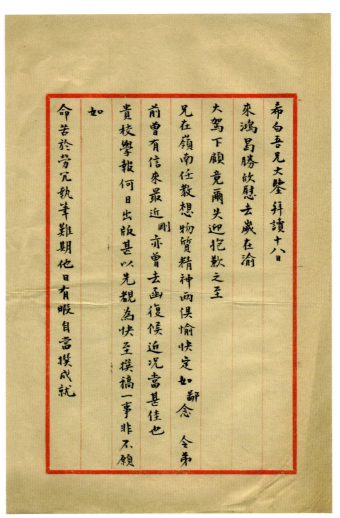

广东省立中山图书馆供图

杨树达（1885～1956）

字遇夫，号积微，晚年号耐林翁，湖南长沙人，长于金石、甲骨和古文字训诂、音韵
及汉语语法修辞等，中国语言文字学家，著有《中国语法纲要》《古书疑义举例续补》
《汉书补注补正》《词诠》《老子古义》等。

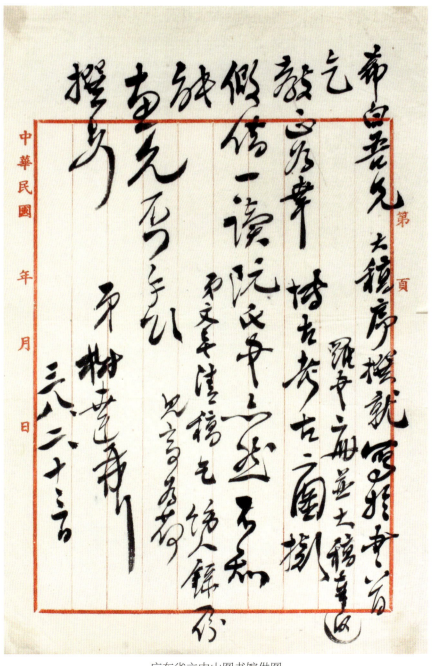

广东省立中山图书馆供图

刘节（1901～1977）

字子植，浙江温州人，1926 年考入清华大学国学研究院，师从王国维、梁启超和陈寅恪，史学家、语言学家，著有《中国史学史稿》等。

广东省立中山图书馆供图

张荫麟（1905～1942）

号素痴，广东东莞人，历史学家，他在清华求学七年，与钱锺书、吴晗、夏鼐并称为"文学院四才子"，著有《中国史纲》。

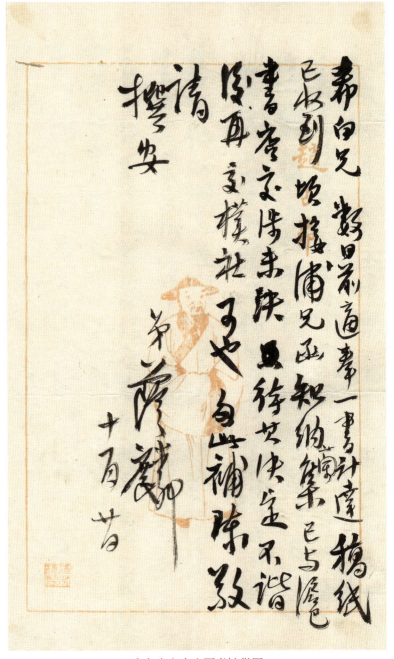

广东省立中山图书馆供图

姚名达（1905～1942）

字达人，清华国学研究院毕业，后任中正大学教授，史学家、目录学家。1942 年发起成立中正大学"战地服务团"，与日军作战时牺牲，是中国抗战期间第一位勇赴国难、壮烈殉国的教授，著有《中国目录学史》《刘宗周年谱》等。

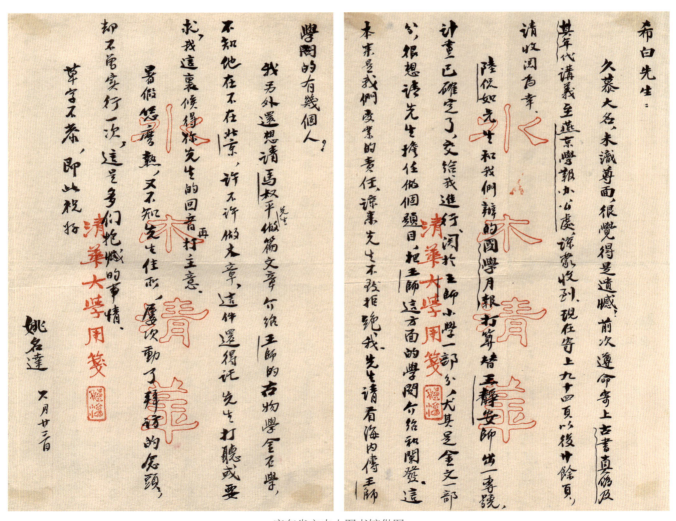

广东省立中山图书馆供图

于省吾（1896～1984）

字思泊，号双剑誃主人、泽螺居士、夙兴叟，辽宁海城人，古文字学家、训诂学家，著有《双剑誃尚书新证》《双剑誃诗经新证》等。

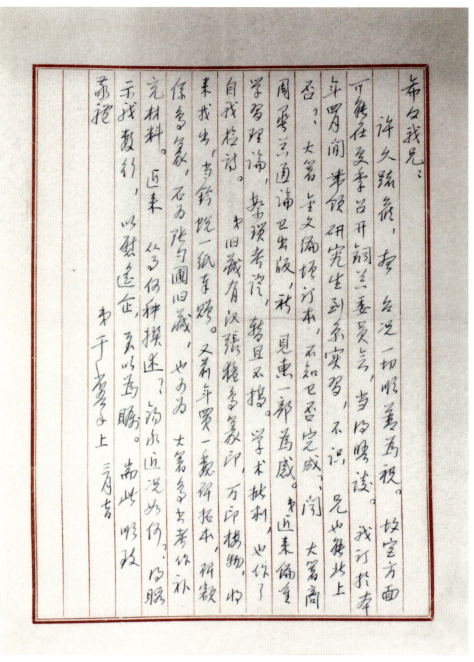

广东省立中山图书馆供图

唐兰（1901～1979）

又名佩兰、景兰，字立厂，又作立庵、立盦，浙江嘉兴人，古文字学家、历史学家、青铜器专家，著有《天壤阁甲骨文存》《殷墟文字记》《中国文字学》等。

广东省立中山图书馆供图

商承祚（1902～1991）

字锡永，号驽刚、蠖公、契斋，广东番禺人，古文字学家、考古学家、书法家。早年师从罗振玉研究甲骨文，后任中山大学中文系教授，著有《殷虚文字类编》《福氏所藏甲骨文字及考释》《十二家吉金图录》等。他和容庚订交六十余年，并称为"容商二老"。

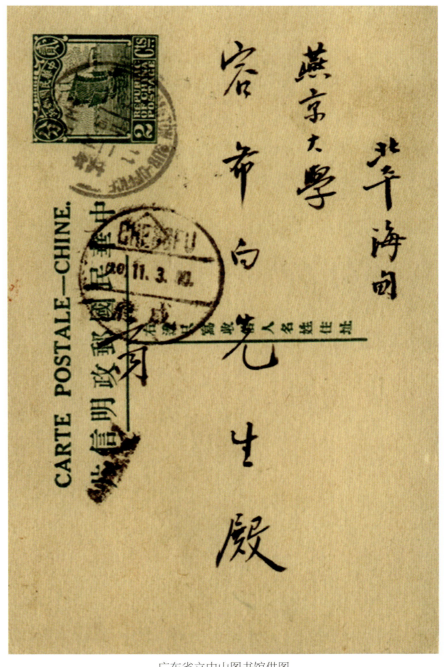

广东省立中山图书馆供图

郭沫若（1892～1978）

本名郭开贞，字鼎堂，四川乐山人，甲骨研究四堂之一，历史学家、考古学家、中国现代作家，著有《中国古代社会研究》《甲骨文字研究》《殷周青铜器铭文研究》《两周金文辞大系》等。

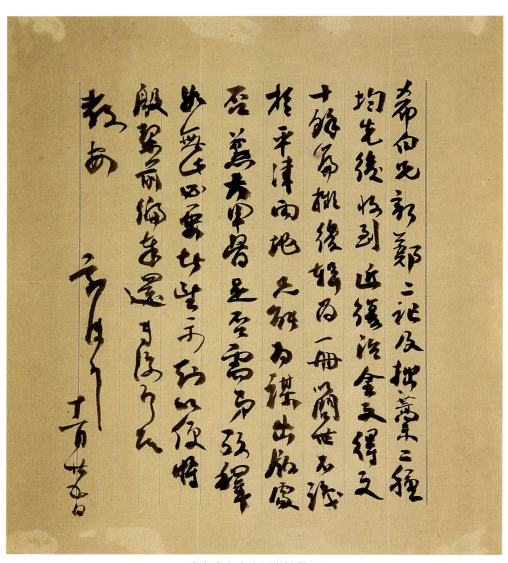

广东省立中山图书馆供图

陈梦家（1911～1966）

浙江上虞人，古文字学家、考古学家、诗人。曾与闻一多、徐志摩、朱湘一起被视为"新月诗派的四大诗人"，后入燕京大学师从容庚研习古文字，著有《殷墟卜辞综述》《美帝国主义劫掠的我国殷周铜器集录》《老子今释》等。

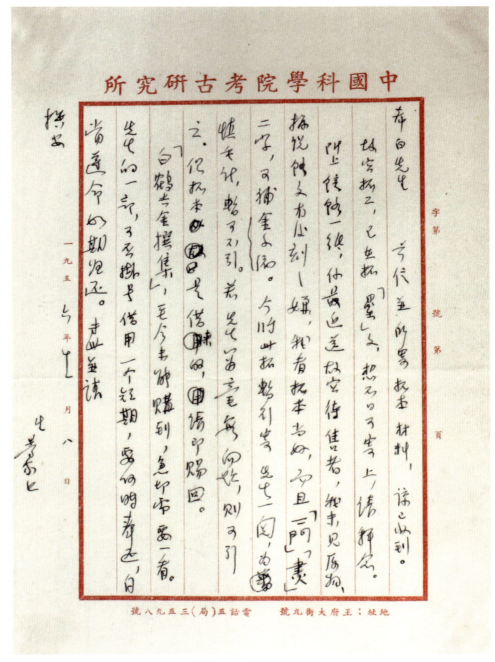

广东省立中山图书馆供图

胡厚宣（1911～1995）

幼名福林，河北望都人，1934 年北大毕业后进入中研院史语所考古组，参加殷墟发掘工作，甲骨学家、殷商史学家，著有《甲骨学商史论丛》系列、《战后宁沪新获甲骨集》《战后南北所见甲骨录》等。

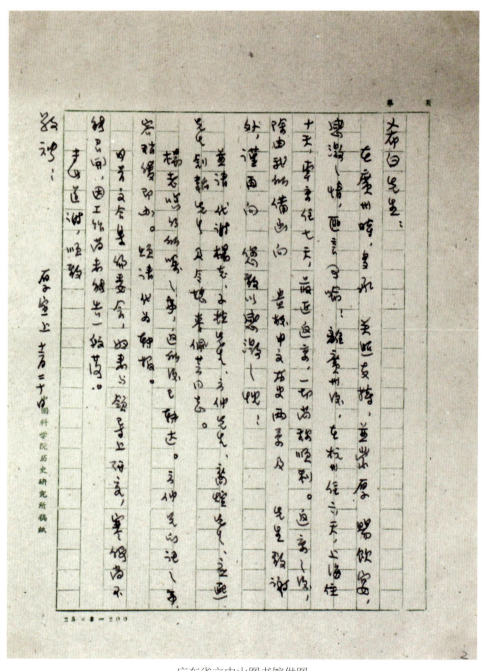

广东省立中山图书馆供图

邓之诚（1887～1960）

字文如，号明斋、五石斋，祖籍江苏江宁，历史学家，曾任北京大学史学系教授，兼任北京师范大学和燕京大学等校教授，著有《中华二千年史》《清诗纪事初编》《骨董琐记全编》等。

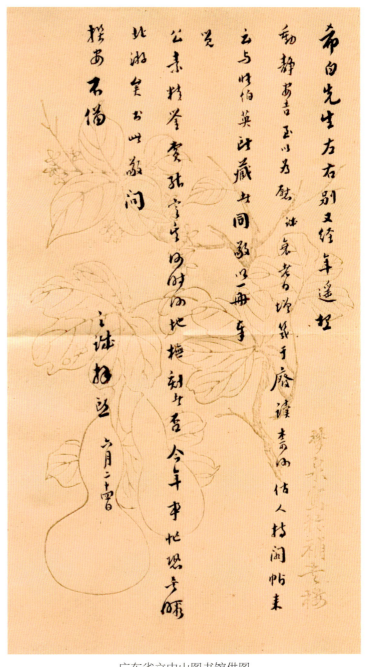

广东省立中山图书馆供图

杨振声（1890～1956）

字今甫，亦作金甫，笔名希声，山东蓬莱人，教育家、作家，曾任国立青岛大学（今山东大学的前身）校长，著有小说集《玉君》等。

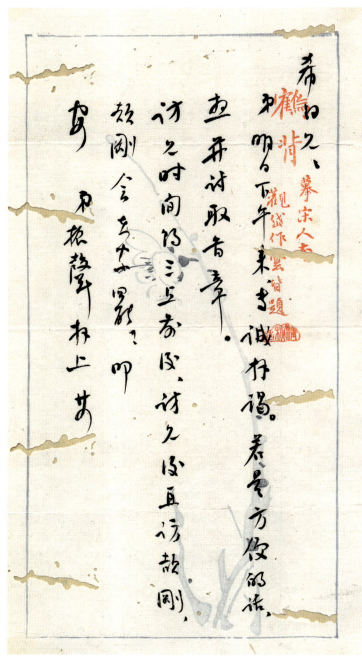

广东省立中山图书馆供图

闻一多（1899～1946）

本名家骅，字友三，湖北浠水人，诗人、学者、中国现代作家。因家传渊源，自幼爱好古典诗词和美术，著有《神话与诗》《楚辞补校》《离骚解诂》等。

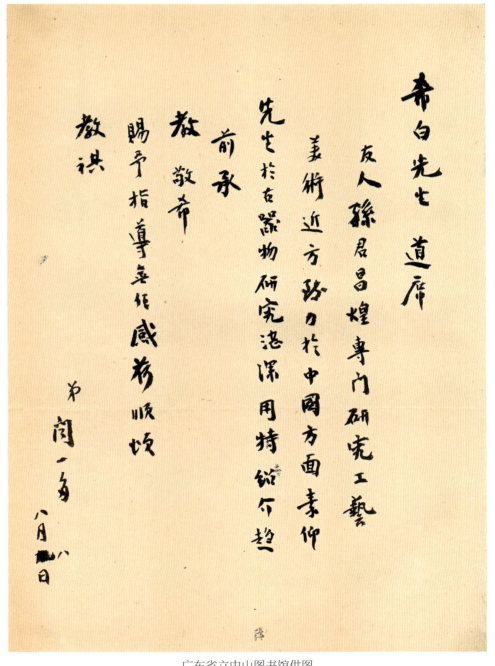

希白先生 道席

友人孙君昌煌专门研究工艺
美术近方努力于中国方面素仰
先生於古器物研究港深用特绍介趋
前承
教　敬希
赐予指导无任感荷 顺颂
教祺

弟 闻一多 八月　日

广东省立中山图书馆供图

朱自清（1898～1948）

字佩弦，号秋实，江苏东海人。1916 年中学毕业后考入北京大学哲学系，1925 年任清华大学教授，后任清华大学中国文学系主任，文学家，以散文和新诗如《背影》《荷塘月色》著称。

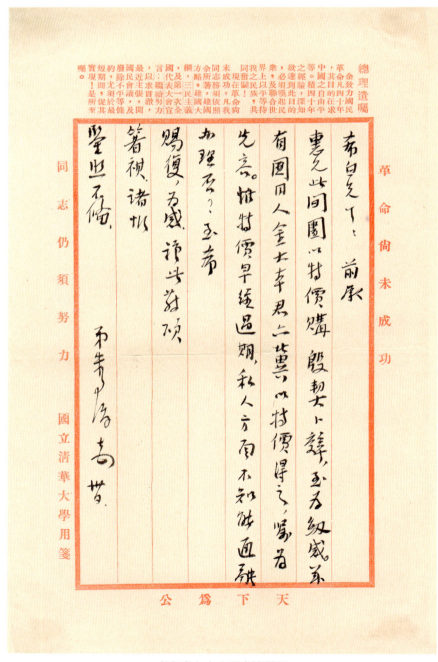

广东省立中山图书馆供图

冯友兰（1895～1990）

字芝生，河南南阳人，哲学家、教育家。历任清华大学教授、哲学系主任、西南联合大学教授等，著有《中国哲学史》《中国哲学简史》《中国哲学史新编》《贞元六书》等。

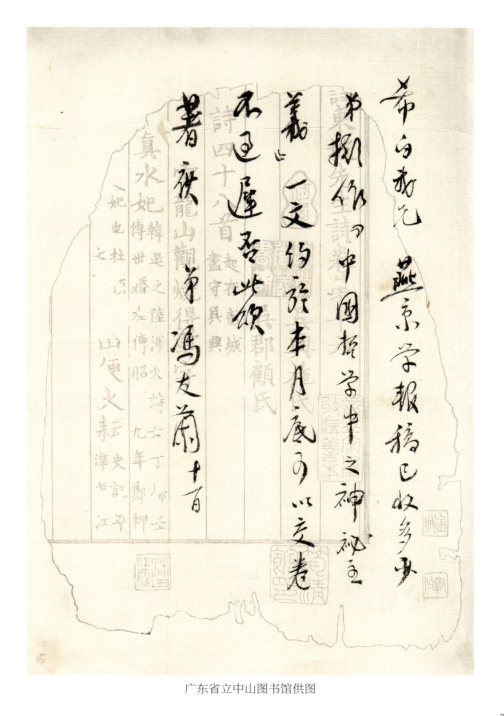

广东省立中山图书馆供图

启功（1912～2005）

字元白，也作元伯，号苑北居士，北京人。中国当代书画家、教育家、古典文献学家、红学家、诗人，精于古书画鉴定和碑帖研究，著有《古代字体论稿》《启功讲唐代诗文》等。

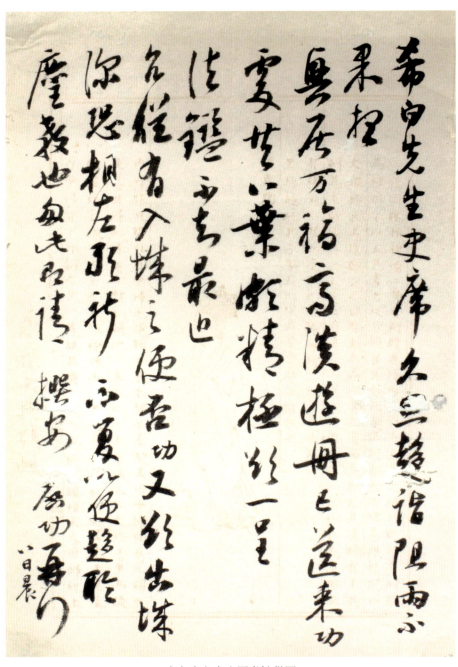

广东省立中山图书馆供图

海外学人

叶慈（Walter Perceval Yetts）（1878～1957）

英国医生、汉学家，生于英格兰，曾在皇家海军服役，后至伦敦大学教授中国艺术和中国考古，著有《中国铜器》（Chinese Bronzes）、《柯尔藏中国青铜器》（The Cull Chinese Bronzes）、《中国古代青铜礼器》（Ritual Bronzes of Ancient China）等。

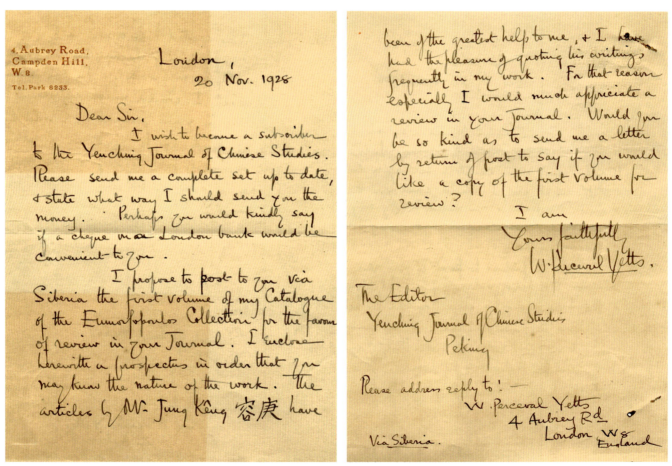

广东省立中山图书馆供图

原田淑人（1885～1974）

日本考古学家，东京都人，日本东京大学教授，日本学士院会员和日本考古学会会长，和滨田耕作并称为日本考古学的先驱。他曾到朝鲜、中国进行考古调查和发掘，并通过考古资料对中国古史进行研究，著有《东亚古文化研究》《日本考古学入门》《汉六朝服饰》等。

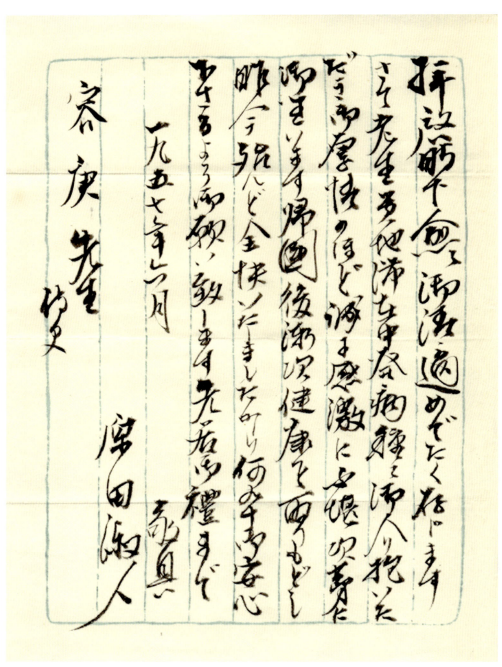

广东省立中山图书馆供图

梅原末治（1893 ～ 1983）

日本考古学家，出生于羽曳野市，师从滨田耕作、今西龙、内藤湖南等，1939 年以《中国青铜器时代之研究》获博士学位，京都大学文学部教授，著有《鉴镜的研究》《铜铎的研究》《汉以前古镜的研究》《河南安阳遗物的研究》等。

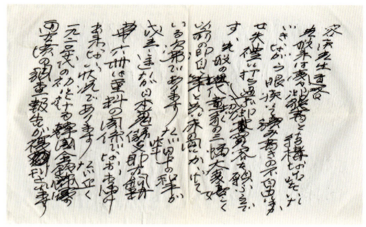

梅原末治寄赠容庚的明信片和肖像

信封：纵 18.6 厘米、横 25.9 厘米

照片：纵 11 厘米、横 17.5 厘米

现代

容庚家属提供

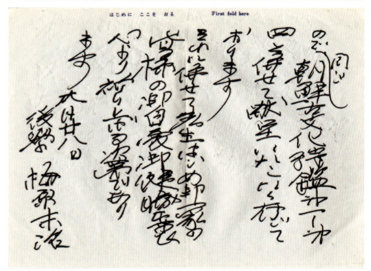

梅原末治致容庚函

纵 18.5 厘米、横 14 厘米

近代

广东省立中山图书馆藏

容庚捐赠

此信中梅原末治首先感谢容庚惠赐画作三幅，后送呈他所编辑的《朝鲜古文化综鉴》等资料给容庚。

白川静（1910～2006）

日本福井县人，汉学家、汉字学者，对甲骨文、金文等古文字有独到见解，著有《孔子传》《说文新义》《金文通释》等。

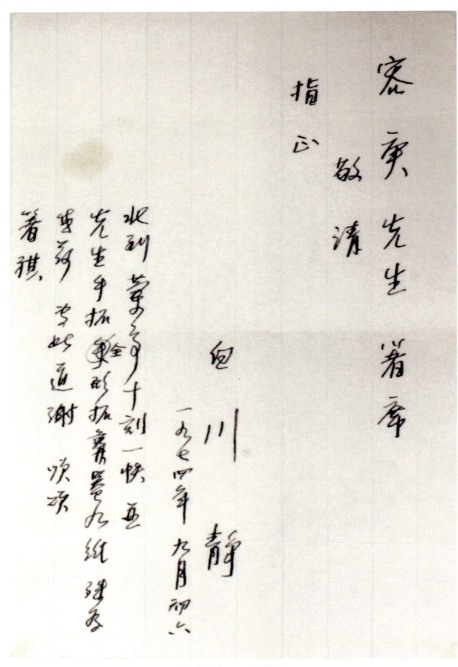

广东省立中山图书馆供图

林巳奈夫（1925～2006）

日本考古学家，神奈川县出身，被誉为日本研究中国殷商青铜器第一人，著有《中国古玉研究》《神与兽的纹样学：中国古代诸神》《殷周青铜器综览：殷周时代青铜器之研究》等。

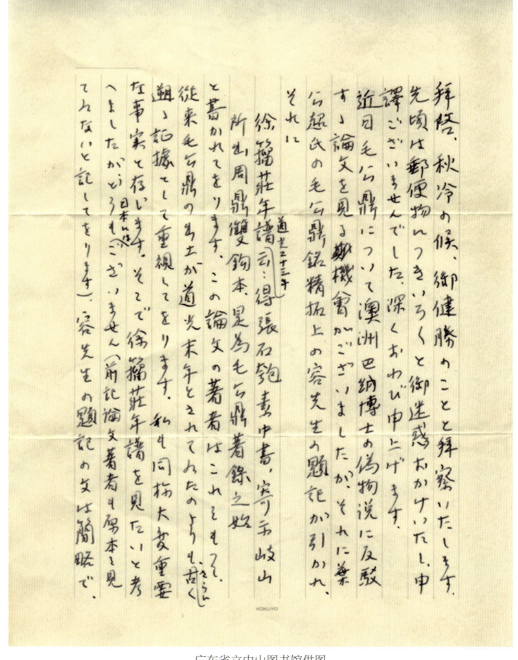

广东省立中山图书馆供图

容庚和顾颉刚、陶北溟、叶恭绰往来信札的信封

纵 29 厘米、横 9.5 厘米，纵 28 厘米、横 9 厘米，

纵 22 厘米、横 7 厘米，纵 18 厘米、横 8 厘米，

近代

容庚家属提供

乙集一　王蕴章　王国维
陈垣　沈士远　沈兼士
马裕藻　马衡　马铨
朱玄同　刘渼
乙集二　陈汉第　张伯英
吴雷川　周肇祥　罗惇曧
黄宾虹　徐鸿宝　邹瑞彭
林志钧　张东田　闻一多
孙壮　吴其昌　吴世昌
乙集三　张景逯　鲍沂
乙集四　陶祖光　陶朋
乙集五　邓尔足　徐尗窣
乙集六　张荫麟
乙集七　姚名达　沈宗畸
陈官桃　邓念慈　许棐垫
李伊　刘开渠
乙集八　郦承铨

丙集一　张国淦　冯友兰　朱穆
邓以蛰　董作宾　徐中舒
丙集二　杨振声　张微柟　金梁
窠章甫　莱世傑　林钧
丙集三　丁福保　李笠　朱自清
杨昌泗　谭戒甫　谢稚柳　李天马
进戒　陈乃乾　孙揆准
丙集四　廬泉　郭绍虞　陈奂颐　邓之诚
颖随　周作人　闿伯益　陈邦福　黎锦熙
陈承修　洪业　赵万里
丙集五　简筬编　汪溶　胡佩衡　容祖椿
方人定　商承祚
丙集六　于省吾　胡厚宣
丙集七　启功　唐兰
丙集八　胡肇椿　陈梦家　孙浚淡　颐廷龙
丙集九　瞿润缗　萧炳实　史树青　夏鼐
领敦镕　罗根泽
马国权

丙集十　刘节　戴家祥　康毅
丙集十一　家耆
丙集十二　郦荇铨　杨树达
丙集十三　傅数年

容庚编《来鸿集录》目录

纵 26.6 厘米、横 19 厘米

近代　稿本

广东省立中山图书馆藏

容庚捐赠

———

容庚生前曾将所收信札大部分辑订成册，名为
《来鸿集录》，分为
甲集一、二、三，乙集一、二、三、四、五、六、
七、八、九，丙集一、二、三、四、五、六、七、
八、九，十、十一，丁集一、二、三、四、五、六、
七、八、九，戊集一、二、三、四、五、六等。
通过《来鸿集录》目录，亦能一窥容庚的学术
交游和人际关系。

二、游于艺

在金石风尚影响下，文人群体之间有了新的交际方式，金石古物、碑帖拓片、金文书法成为文人交游往来的重要凭籍。容庚和其他学者之间的交往亦延续了此特点。

邹寿祺、马衡、邓尔雅、容庚临青铜器金文四联屏

近代

纵 128 厘米、横 31.5 厘米（每屏）

广州艺术博物院藏

容庚捐赠

——

释文：

秦公曰：丕显朕皇祖受天命，鼏宅禹迹，十又二公，在帝之坏，严恭夤天命，保业厥秦，虩事蛮夏，余虽小子，穆穆帅秉明德，烈烈桓桓，万民是敕。　乙丑七月临秦公敦文，元胎仁兄法家正可，适庐邹寿祺。

唯三年五月丁巳，王在宗周，令史颂省苏、𧻚友里君、百姓，帅偶盩于成周，休有成事。苏宾璋、马四匹、吉金，用作鼎彝。颂其万年无疆。　元胎尊兄属，马衡。

鲁士商𧇅肇乍，朕皇考叔□父尊簋商𧇅其万年眉寿，子子孙孙，永宝用享。　元胎外生属篆，甲子中秋，邓尔疋。

唯王十又四祀十又一月丁卯，王在毕烝，戊辰赠，王蔑段历，念毕仲孙子，令舞御馈大则于段。敢对扬王休，用作簋，孙孙子子万年用享祀，孙子取引。　元胎三弟属，容庚临。

钤印：邹安之玺、双玉玺斋、马衡、邓尔雅印、容庚之印。

史颂簋

西周晚期

高 26.9 厘米、口径 22.7 厘米

上海博物馆藏

———

器身兽首双耳，下有方垂珥，盖面隆起，上有圈状捉手。盖沿和器口沿下饰窃曲纹，盖上和器腹饰瓦纹，圈足饰垂鳞纹和小兽面。器、盖铸有相同铭文六行六十三字。

铭文记述了周王命令一名叫颂的史官巡察苏国，事情办得很成功，颂得到苏国赠送的玉璋、马四匹和吉金，于是制作了青铜礼器。铭文最后颂感念周王的恩宠，希望子子孙孙永远纪念。

上海博物馆藏有史颂簋完整一器外，尚有一簋盖，铭文相同。此外，台北故宫博物院、日本东京书道博物馆、出光美术馆和京都私人各收藏一器。

释文：

唯三年五月丁巳，王在宗周，令史颂省苏、𣸤友里君、百姓，帅偶盩于成周，休有成事。苏宾璋、马四匹、吉金，用作鼎彝。颂其万年无疆，日将天子令，子子孙孙永宝用。

215

酒為春寒激灔斝　昔年賓客昔園林馬行燈火尋常事　觸忤東坡

感舊心清歡　一夕付東流投老那能遣百憂　記得前年披畫讀風燈

過眼雪盈頭　丁卯花朝後五日雨雪盈寸為

希白仁兄書蓼園題畫二絕句　觀堂王國維

王国维楷书柯劭忞题画诗轴

1927 年

纵 126 厘米、横 31 厘米

广州艺术博物院藏

容庚捐赠

———

释文：酒为春寒激泼斝，昔年宾客昔园林。马行灯火
寻常事，触忤东坡感旧心。清欢一夕付东流，
投老那能遣百忧。记得前年披画读，风灯过眼
雪盈头。丁卯花朝后五日雨雪盈寸，为希白仁
兄书蓼园题画二绝句。观堂王国维。

钤印：静安、王国维。

徐熹 "容庚像"

1941 年

纵 79.4 厘米、横 50 厘米

莞城美术馆藏

容庚捐赠

———

释文：其为人也，发奋忘食，乐
　　　以忘忧，不知老之将至云
　　　尔。
　　　一九四一年吴江徐熹写象
　　　补景。
　　　一九七〇年录《论语》语，
　　　容庚自题。

钤印：徐熹、容庚。

流外耽金

甲戌六月

鄧石如

第四单元
撰述成就

　　1946年夏，容庚离开了寓居二十余年的北平，告别这一文化圣地，南归广东。在广州期间，因外部环境的改变，他在古铜器和古文字研究方面，主要修改和补充旧作；在古物收藏方面，也较少收集金石器物，而将重心转向丛帖和书画的搜集考证。容庚治学严谨周密，精审广博，形成了以青铜器为中心的考古学、以考订史实为目的的考据学，以丛帖目与书画录为特色的目录学和以金文为中心的古文字学。他视野广阔，融合了传统金石学的治学特色和现代学术研究精神。

一、撰述

　　容庚毕生著述有专著 32 种、论文 94 篇，合计约 800 万字。在北平时撰写约 300 万字，主要关于金石考古；南归后撰写近 500 万字，主要关于丛贴书画。总体说来，他的撰述集中于甲骨文、金文等古文字研究、青铜器研究和书画研究。而其中关于金石学的著作，大多成书于北平。

《容庚学术著作全集》书目

名　称	出版社（备注）	年　份
《金石学》	北京大学讲义	1926 年
《宝蕴楼彝器图录》	北平内政部古物陈列所	1929 年
《秦汉金文录》	中央研究院历史语言研究所	1931 年
《中国文字学形篇》	燕京大学研究所讲义	1931 年
《中国文字学义篇》	燕京大学研究所讲义	1932 年
《殷梨卜辞》	与瞿润缗合著哈佛燕京学社	1933 年
《颂斋吉金图录》	燕京大学考古学社	1933 年
《武英殿彝器图录》	哈佛燕京学社	1934 年
《古石刻零拾》	燕京大学考古学社	1934 年
《金文续编》	商务印书馆	1935 年
《海外吉金图录》	燕京大学考古学社	1935 年
《善斋彝器图录》	哈佛燕京学社	1936 年
《简体字典》	哈佛燕京学社	1936 年
《颂斋书画录》	燕京大学考古学社	1936 年
《伏庐书画录》	燕京大学考古学社	1936 年
《颂斋吉金续录》	燕京大学考古学社	1938 年
《西清彝器拾遗》	燕京大学考古学社	1940 年
《商周彝器通考》	哈佛燕京学社	1941 年
《卜辞研究》	北京大学讲义	1942 年
《金文编》	科学出版社	1959 年
《丛帖目》	中华书局香港分局	1980 年 ~1986 年
《殷周青铜器通论》	与张维持合著，文物出版社	1984 年
《颂斋述林》	香港翰墨轩出版有限公司	1994 年
《颂斋书画小记》	广东人民出版社	2000 年
《历代著录画目续编》	北京图书馆出版社	2007 年

少耽圖史老書叢
宅相淵源溯鄧公先生謂爾雅
金石沈酣彝鼎富銀
鉤點畫籀斯工名山
二酉傳專業汉古子
秋抱素衷才調高
華齋館靜蕭森花
木暎簾櫳
頌齋著書圖為
希白兄題　商衍鎏

頌齋箸書圖
丁丑寒食思明寓寫寄
希白社兄先生法教
衡未弟酈承銓畫

酈承铨《颂斋著书图》

1937 年

字：纵 23.2 厘米、横 36.8 厘米

画：纵 83.5 厘米、横 33 厘米

莞城美术馆藏

容庚家属捐赠

———

题跋：（1）颂斋著书图

　　丁丑寒食思明寓参写寄希白社兄先生法教。　衡叔
　　弟酈承铨画。

　　（2）少耽图史老书丛，宅相渊源溯邓公（谓尔雅
　　先生）。金石沈酣彝鼎富，银钩点画籀斯工。名山
　　二酉传专业，汲古千秋抱素衷。才调高华斋馆静，
　　萧森花木映帘栊。

　　颂斋著书图为希白兄题。　商衍鎏。

钤印：愿堂、承铨、衡叔、商衍鎏玺。

中國文字學 十九年修正本

容庚述

第一章　叙說

第一節　文字學之意義及沿革

文字者何?許慎說文序云:「倉頡之初作書蓋依類象形,故謂之文,其後形聲相益,即謂之字,字者言孳乳而浸多也。」鄭樵六書畧云:「獨體為文,合體為字。」又云:象形,指事,文也;會意,字也。文合而成字,文有子母:母主義子主聲,一母為諧聲,諧聲者一母一體主義一體主聲,二母合為會義會意者,二體俱主義,二體合而成字也。文與字雖有獨體合體之分,而用以記述事物,抒寫情感則同。合而言之曰文字,析而言之曰文或曰字,如字林文始,蓋皆統括文字而言之也。

古昔文字,統稱曰名。論語:「必也正名乎。」鄭玄注:「正名,謂正書字也。古者曰名,今世曰字。」儀禮聘禮「百名以上書於策,不及百名書於方。」經典釋文「名謂文字也。」文字可稱名,是文字學亦可稱名學也。

文字學者,研究語言符號之構造及其演變之學也。我國文字乃意標的,形與音離,故其研究當將形,義音三部分別考察:自三代以來,遞變寖繁,字形

容庚撰《中国文字学》

1930 年

纵 26 厘米、横 30.9 厘米

稿本

广东省立中山图书馆藏

容庚捐赠

———

此稿所载目录与《中国文字学形篇》第一章目录一致,应为该书之残稿。《中国文字学形篇》与《中国文字学义篇》系容庚早年在燕京大学授课时所撰讲义,亦是现代中国文字学史上重要作品之一。

毛公鼎考釋

鼎者行古重器之器乎。其狀三足兩耳虛其中以受……

容庚撰《毛公鼎考释》

近代

纵 27.8 厘米、横 39.4 厘米

稿本

广东省立中山图书馆藏

容庚捐赠

———

毛公鼎为我国青铜重器，内刻铭文 32 行 497 字，是迄今所见先秦青铜器中字数最多的一件。其铭文体例独特、内容丰富，自清道光间出土后一直为学者重视。此稿主要是对王国维、吴大澂等各家考释毛公鼎之整理，亦有自身见解，未见出版。

毛公鼎铭集聯

毛公鼎铭集联

纵 27.4 厘米、横 39.1 厘米

稿本

广东省立中山图书馆藏

容庚捐赠

首题"毛公鼎铭集联"，系从毛公鼎铭文中挑选字体清晰完整
的字集联而成。

释文：德唯取友，善在尊师，龚黄善政，许史大家。

服膺朱子，师事毛公，亦临亦保，乃武乃文。

第 1 頁

文稿

秦始皇刻石考

容庚

一、刻石原起

二、刻石之形状及存佚

三、刻辞之校勘釋

四、拓本之流傳

五、結論

一

史記秦始皇本紀載

始皇二十六年并兼天下。二十七年巡隴西北地出雞頭山過回中焉。二十八年東行郡縣上鄒嶧山立石与魯諸儒生是為嶧山刻石議刻石頌秦德，議封禅望祭山川之事，乃遂上泰山立石封祠祀

（每行二十五字，每頁三百字，抵燕京學報半頁）

容庚撰《秦始皇七种刻石考》

近代

纵 22.8 厘米、横 28.6 厘米

稿本

广东省立中山图书馆藏

容庚捐赠

——

是稿为《秦始皇刻石考》之稿本，共五部分：一、刻石之原起，二、刻石之形状及存佚，三、刻辞之校释，四、拓本之流传，五、结论。1935 年发表于《燕京学报》第 17 期。

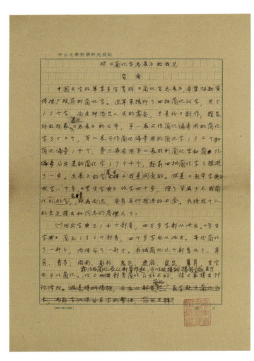
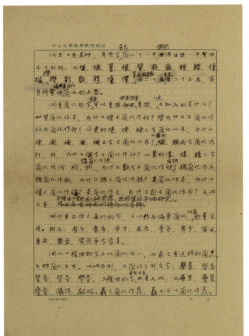
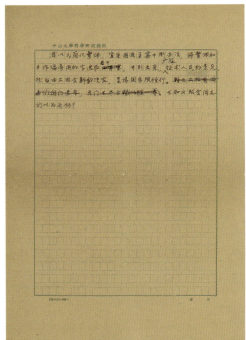

容庚撰《对〈简化字总表〉的我见》

现代

纵 37.5 厘米、横 26.1 厘米

稿本

广东省立中山图书馆藏

容庚捐赠

中国文字改革委员会在 1956 年 1 月国务院公布《汉字简化方案》基础上编印《简化字总表》。容庚认为总表收字数量未能满足人民需求，需要再推进汉字简化，撰文提出了五点建议。此文发表于 1964 年 12 月 23 日《光明日报》。

二、鉴藏

　　容庚收藏之富在近代藏家中位居前列。据统计，他收藏青铜器 100 余件、书画 1000 余件（套），图书资料上万册之多。他自名书房为"五千卷金石书室"，录金石学著作序跋为《金石书录》；得商周彝器百数十事，纂辑为《颂斋吉金图录》及《续录》；得丛贴 250 余种，编目为《丛贴考》；整合个人收集明清以来书画 1000 余件（套）及所见 500 余种，编为《颂斋书画录》。他还收藏玺印近 200 方。除私人收藏外，他过眼经手的金石古器很多采用图录形式公开出版，给学界研究提供了便利。

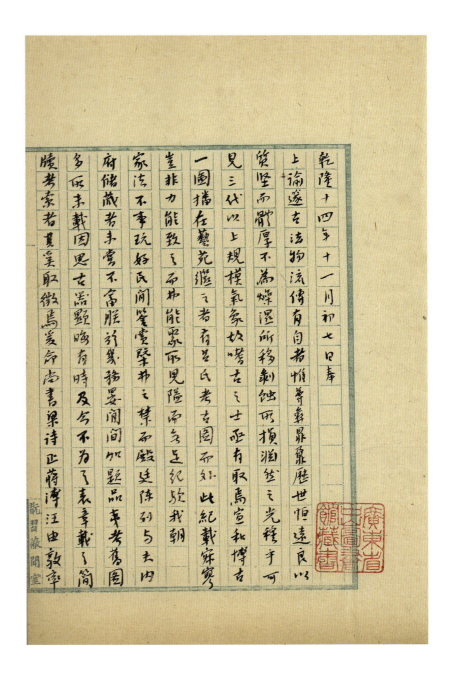

容庚撰《西清三鉴款识目》局部

1930 年

纵 27.4 厘米、横 19.6 厘米

稿本

广东省立中山图书馆藏

容庚捐赠

————

清乾隆年间《西清古鉴》《宁寿鉴古》《西清续鉴》，合称"西清三鉴"。此稿按《西清古鉴》《宁寿鉴古》《西清续鉴》分三部分，分别对《三鉴》条目所记之器物名称与铭文字数做订正，并附有"伪""疑""疑伪"等评语。

跋
此古物陈列所鉴定委员会成绩之一种也凡
国博物馆境莫不为专门人才审鉴定之选我国
既无完美博物院而古物陈列所僅前清盛京
热河寿行宫旧藏真伪难分余尝慨斯
事之始陈请设会延揽通人分别鉴定維量以
溯暑来肯少休盖欲举全部古物一一评量以
成有统系之陈列使世界学者之研求吾古
彝器七百九十器八逐写审拓详临加治徵真
偽次宫复於其中择有文字或形状墨玄
纹精者九十二种为是录视西清续鉴乙编不及
十三二种精确则远过矣方谨印行余因事

定恶政病所优害古物有故失之惧怀而古物
陛官妻员会逐被停心同人库精瑶靈好谓
付诸进川不期　宫诸希自急以印刷将成告竣
所假一词余毕邨复多之聿余点写可无言刻
宫君孝任鉴定於吾此力玉勤文字孔释出其
一年今又妻曲成就傅布於吾弥深感歎夫古物之
须继续整理孤轺目尚察
国家从明異日陟贤而理必能竟同人未完之志
则是録黄先等音字呼可题矣
中华民国十七年九月
绍真周肇祥

容庚撰《宝蕴楼彝器图录》跋

近代

纵 34 厘米、横 22.8 厘米

稿本

广东省立中山图书馆藏

容庚捐赠

此书从清王杰等《西清续鉴乙编》收录的清沈阳行宫 798 件古器中，选出 92 件加以考释编成。原《西清续鉴乙编》所录之器，在名称、形状、花纹、铭识、尺寸、考释等方面常有讹误，此书均予订正。因器藏故宫宝蕴楼，故名《宝蕴楼彝器图录》。

容庚撰《颂斋吉金图录》局部

1933 年

纵 25.2 厘米、横 15.5 厘米

稿本

广东省立中山图书馆藏

容庚捐赠

———

该作收录容庚藏殷周以后彝器 39 件，其中大部未经前人著录，图像之后附有文字与花纹拓片。最早有 1933 年考古学社影印本。

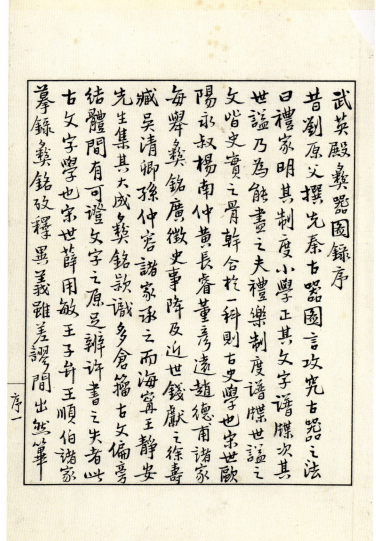

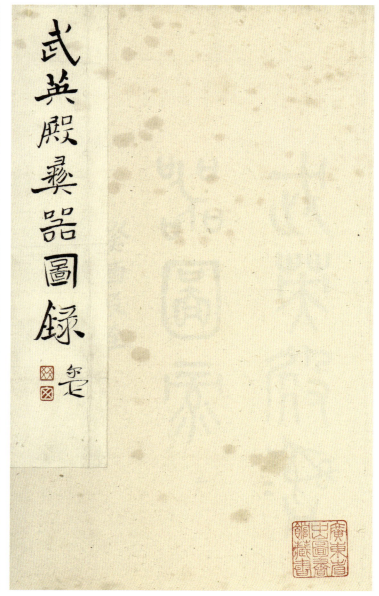

武英殿彝器圖錄序

昔劉原父撰先秦古器圖言攷究古器之法
曰禮家明其制度小學正其文字謹牒次其
世諡乃為能盡之夫禮樂制度謹牒世諡之
文峕史實之骨幹合抱一科則古史學也宋世歐
陽永叔楊南仲黃長睿董彥遠趙德甫諸家
每舉彝銘廣徵史事降及近世錢獻之徐壽
藏吳清卿孫仲容諸家承之而海寧王靜安
先生集其大成多彝銘欵識多倉籒古文偏旁
結體間有可證文字之原足辨許書之失者此
古文字學也宋世薛用敏王子冰王順伯諸家
摹錄彝銘攷釋異義雖差謬間出然篳

序一

容庚撰《武英殿彝器图录》书影

1934 年

纵 32.1 厘米、横 21.8 厘米

稿本

广东省立中山图书馆藏

容庚捐赠

此书系 1934 年容庚从热河行宫藏 851 件青铜
器中选取精品 92 件编成，并附有考释与各家记
载。因器藏武英殿，故名《武英殿彝器图录》。

海外吉金

圖象

甲戌六月

鄧尔疋

容庚撰《海外吉金图录》书影

1935 年

纵 33 厘米、横 21.8 厘米

影印批校本

广东省立中山图书馆藏

容庚捐赠

————

是书著录流失于日本的中国青铜器 158 种并作考释。正文部分先列各器图片，部分附铭文拓片，后为各器考释，记器物尺寸、铭文及相关信息。此书有容庚朱笔校改并钤有"容庚之印"，当为容庚藏本。

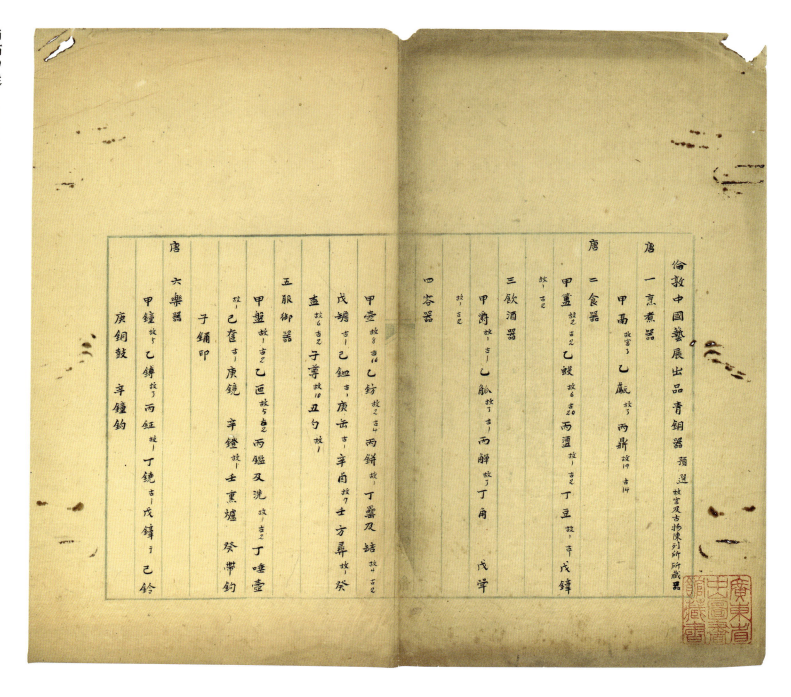

容庚撰《伦敦中国艺展出品青铜器预选故宫及古物陈列所藏品》目录（局部）

近代

纵 27.5 厘米、横 30.8 厘米

抄本

广东省立中山图书馆藏

容庚捐赠

目录分八部分：一、烹煮器，二、食器，三、饮酒器，四、容器，五、服御器，六、乐器，七、度量器，八、兵器。文中有容庚朱笔批校，容庚曾任北京古物陈列所鉴定委员。

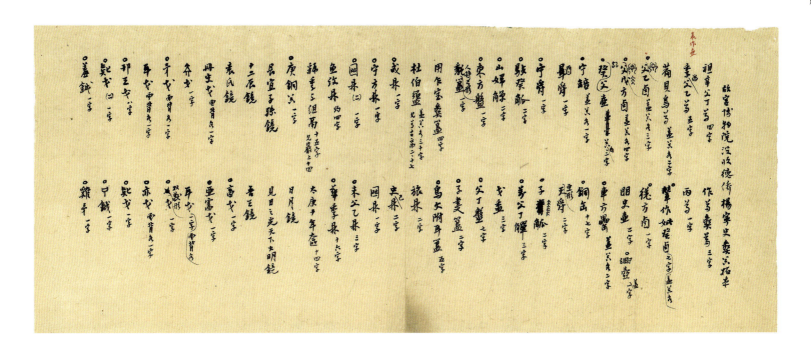

容庚撰《故宫博物院没收德侨杨宁史彝器拓本》局部

1954 年

纵 21.3 厘米、横 49 厘米

稿本

广东省立中山图书馆藏

容庚捐赠

杨宁史（Werner Jannings），德国人，禅臣洋行（Siemssen & Co.）经理。抗战期间在中国搜集了一批商代晚期到战国时期的青铜器。抗战胜利后，杨宁史留在国内私宅的 240 多件商周铜器由故宫博物院接收。容庚于 1954 年选取其中具有代表性的 74 件，钩摹彝器铭文，粘贴成册。

颂斋藏印

现代　一函四册

———

共收印章 176 枚，内有容庚旧藏陈鸿寿、黄牧甫、陈师曾等名人篆刻，又有邓尔雅、商承祚、罗福颐、金禹民、钱君匋、康殷、马国权、吴子健、张牧石等为容庚镌刻及自刻字号印、斋号印等，可见容庚与时贤的金石交往。

———

容庚家属提供

三、书法

　　容庚篆书初学于《峄山碑》，后因大量临摹金文，功力至深，风神自然，别具一格。他自小学习篆刻，师法邓尔雅、黄士陵，渊穆浑厚，自成特色。

容庚篆刻作品

容庚私印　　　　希白　　　　颂斋　　　　容庚私印　　容庚所得金石

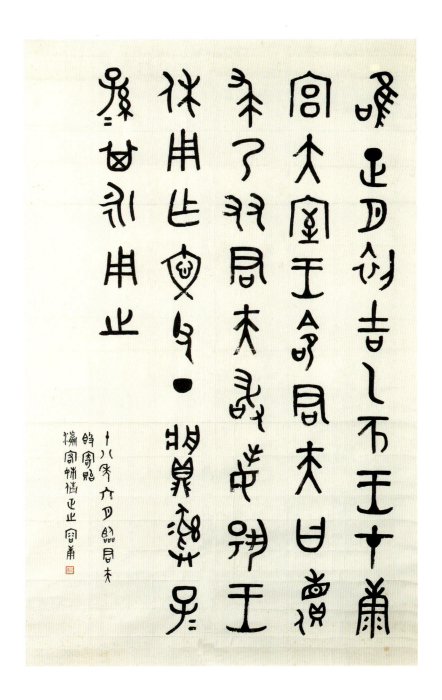

容庚临君夫簋金文

1929 年

纵 85.5 厘米、横 55.2 厘米

容庚家属提供

释文：唯正月初吉乙亥，王在康宫大室，
　　　王命君夫曰：価求乃友。君夫敢妹
　　　扬王休，用作文父丁䵼彝，子子孙
　　　孙其永用之。十八年六月临君夫簋，
　　　寄赠瀛客妹倩正之。　容庚。

钤印：容庚。

容庚临颂簋金文

1930 年
纵 108 厘米、横 55 厘米
莞城美术馆藏
容庚家属捐赠

———

释文：佳三年五月既死霸甲戌，王在周康邵（昭）宫。
旦，王各（格）大室即立（位）。宰引右（佑）
颂入门，立（位）中廷。尹氏受（授）王
令书。王乎（呼）史虢生册令颂。王曰：颂，
令女（汝）官嗣（司）成周贮（贮），监嗣（司）
新宭（造）贮（贮）用宫御，易（锡）女（汝）
玄衣黹屯（纯）、赤市朱黄、銮（銮）旂、
攸勒，用事。颂拜頴首，受令，册佩旨（以）
出，反（返）入（纳）堇（瑾）章（璋）。
颂敢对扬天子，不（丕）显鲁休，用乍（作）
朕皇考龏（恭）弔（叔）、皇母龏（恭）始（姒）
宝尊簋，用追考（孝），旛（祈）匃康靁（娱）
屯（纯）右（祐）通彔（禄）永令。颂其
万年眉寿无疆，畯（畯）臣天子霝冬（终），
子子孙孙永宝用。十九年十二月为嫒妹临。
容庚。

钤印：容庚。

容庚篆书五言联

1976 年

纵 101.2 厘米、横 21.3 厘米

容庚家属提供

释文：世上无难事，只要肯攀登。
　　　毛主席语，世雄三娟属篆。
　　　丙辰春节。容庚。

钤印：容庚八十以后所书。

临毛公鞶鼎铭 一九七八年六月 容庚

容庚临毛公旅方鼎金文

1978 年

纵 116.2 厘米、横 49.5 厘米

广州艺术博物院藏

容庚捐赠

释文：毛公旅鼎亦佳毁（簋），我用厚眔我友饱，其
用友亦矧唯考，肆毋有弗顺，是用寿考。临毛
公鞶鼎铭，一九七八年六月。容庚。

钤印：容庚八十以后所书。

毛公旅方鼎，原为端方旧藏，今藏上海博物馆，器内
壁有铭文 30 字。

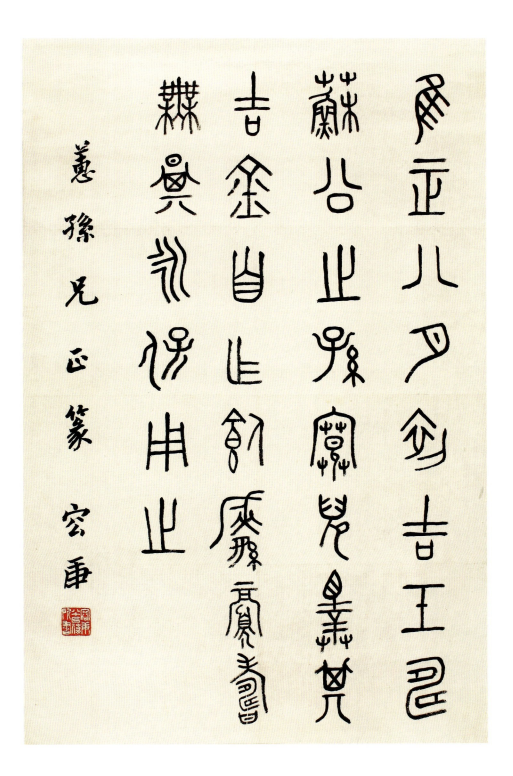

容庚临宽儿鼎金文

现代

纵 69 厘米、横 44 厘米

莞城美术馆藏

容庚家属捐赠

———

释文：隹正八月初吉壬申，苏公之孙宽儿择其吉金，自作飤繁，眉寿无期，永保用之。
蕙孙兄正篆。容庚。

钤印：容庚八十以后所书。

容庚临宋公鼎金文

现代

纵 67 厘米、横 34.7 厘米

广东省博物馆藏

容庚捐赠

———

释文：宋庄公之孙趯亥，自作会（脍）鼎，子
子孙孙永寿用之。伯荣同志正篆。容庚。

钤印：容庚八十以后所书。

商承祚书陈芦荻诗"挽容庚"

1983 年

纵 115 厘米、横 55.3 厘米

莞城美术馆藏

容庚家属捐赠

释文：绵绵阴雨洒珠江，噩耗惊闻信黯伤。
　　　一卷吉金传世代，万方桃李泣门墙。
　　　高风亮节襟怀坦，治学为人品格刚。
　　　此日南郊公去矣，挽诗写罢泪成行。
　　　悼念容老希白教授。
　　　一九八三年三月七日，陈芦荻敬挽。
　　　商承祚泣书。

容庚像

作者：罗宇滢

长 38.5 厘米、宽 27 厘米、高 51 厘米

创作时间：2020 年 10 月

容庚家属提供

结 语

————

1983 年 3 月 6 日，容庚在广州逝世。早在 1956 年他就分两次给广州市博物馆捐出珍藏的青铜器 95 件，其中一级文物 9 件，二级文物 37 件，三级文物 2 件。截至今日，容庚及家属向国家捐出青铜器近 200 件，历代书画 1200 件，古籍善本 1 万余套册，甲骨、金石拓片、丛帖、名人信札近千件，和大量的著作手稿、刻本及抄本等。他的藏品散布在中国国家博物馆、中国美术馆、广东省立中山图书馆、广东省博物馆、广州博物馆、广州艺术博物院、莞城美术馆、中山大学等多家单位。其数量之多，质量之精，世所罕见。

由金石篆刻入门，以青铜器、古文字为研究重心，容庚依托他服务的北京大学、燕京大学、古物陈列所、故宫博物院等机构，不断进行金石学学术资源的整合。他精密考据，刊发著述；笔耕不辍，纂辑出版大量器物图录；运用大学、研究所、期刊编辑部、出版社等现代机构，扩大金石学影响，推动金石学融入现代学术研究机制，从而为传统学问发展开辟新的路径。容庚是一位淹博的学者，更是一位中国学术转型期的开路者！谨以此展览，纪念容庚先生。

图书在版编目（CIP）数据

与古为徒 : 容庚的学术与时代 / 深圳博物馆编 . --

北京 : 文物出版社，2023.11

ISBN　978-7-5010-8228-5

Ⅰ . ①与… Ⅱ . ①深… Ⅲ . ①容庚（1894-1983）—

人物研究　Ⅳ . ① K825.5

中国国家版本馆 CIP 数据核字 (2023) 第 220002 号

与古为徒

容庚的学术与时代

编　　　者：深圳博物馆

责任编辑：王　伟

责任印制：王　芳

出版发行：文物出版社

社　　　址：北京市东城区东直门内北小街 2 号楼

邮　　　编：100007

网　　　址：http://www.wenwu.com

经　　　销：新华书店

印　　　刷：雅昌文化（集团）有限公司

开　　　本：889mm×1194mm　1/16

印　　　张：15.25

版　　　次：2023 年 11 月第 1 版

印　　　次：2023 年 11 月第 1 次印刷

书　　　号：ISBN　978-7-5010-8228-5

定　　　价：468.00 元